Organización de viajes nacionales e internacionales

Manuela Carmona Chicano

ic editorial

Organización de viajes nacionales e internacionales
© Manuela Carmona Chicano

1ª Edición

© IC Editorial, 2024

Editado por: IC Editorial
c/ Cueva de Viera, 2, Local 3
Centro Negocios CADI
29200 Antequera (Málaga)
Teléfono: 952 70 60 04
Fax: 952 84 55 03
Correo electrónico: iceditorial@iceditorial.com
Internet: www.iceditorial.com

ISBN: 978-84-1184-417-8
Depósito Legal: MA 2444-2024

Impresión: PODiPrint
Impreso en Andalucía – España

Nota de la editorial: IC Editorial pertenece a Innovación y Cualificación S. L.

Presentación del manual

El **Certificado de Profesionalidad** es el instrumento de acreditación, en el ámbito de la Administración laboral, de las cualificaciones profesionales del Catálogo Nacional de Cualificaciones Profesionales adquiridas a través de procesos formativos o del proceso de reconocimiento de la experiencia laboral y de vías no formales de formación.

El elemento mínimo acreditable es la **Unidad de Competencia.** La suma de las acreditaciones de las unidades de competencia conforma la acreditación de la competencia general.

Una **Unidad de Competencia** se define como una agrupación de tareas productivas específica que realiza el profesional. Las diferentes unidades de competencia de un certificado de profesionalidad conforman la **Competencia General,** definiendo el conjunto de conocimientos y capacidades que permiten el ejercicio de una actividad profesional determinada.

Cada **Unidad de Competencia** lleva asociado un **Módulo Formativo,** donde se describe la formación necesaria para adquirir esa **Unidad de Competencia,** pudiendo dividirse en **Unidades Formativas.**

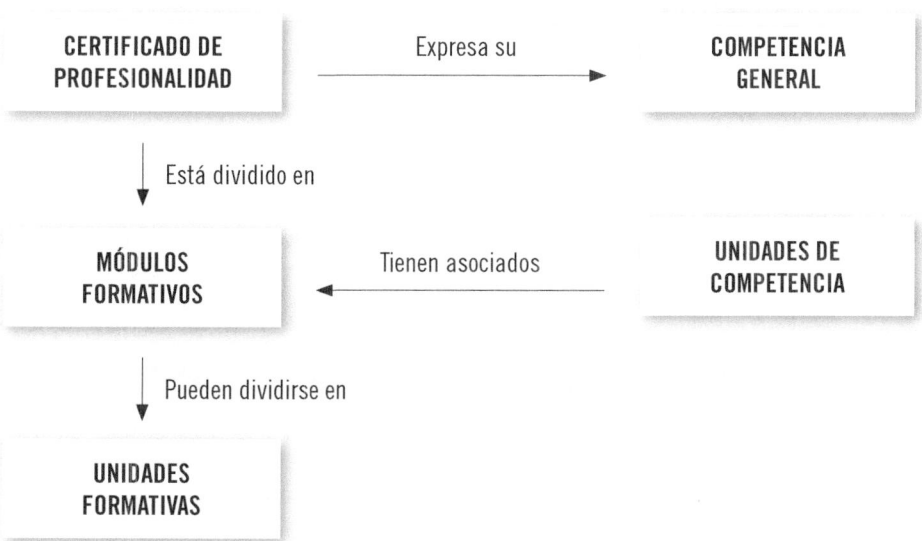

El presente manual desarrolla la Unidad Formativa **UF0326: Organización de viajes nacionales e internacionales,**

perteneciente al Módulo Formativo **MF0983_3: Gestión de reuniones, viajes y eventos,**

asociado a la unidad de competencia **UC0983_3: Gestionar de forma proactiva actividades de asistencia a la dirección en materia de organización,**

del Certificado de Profesionalidad **Asistencia a la dirección.**

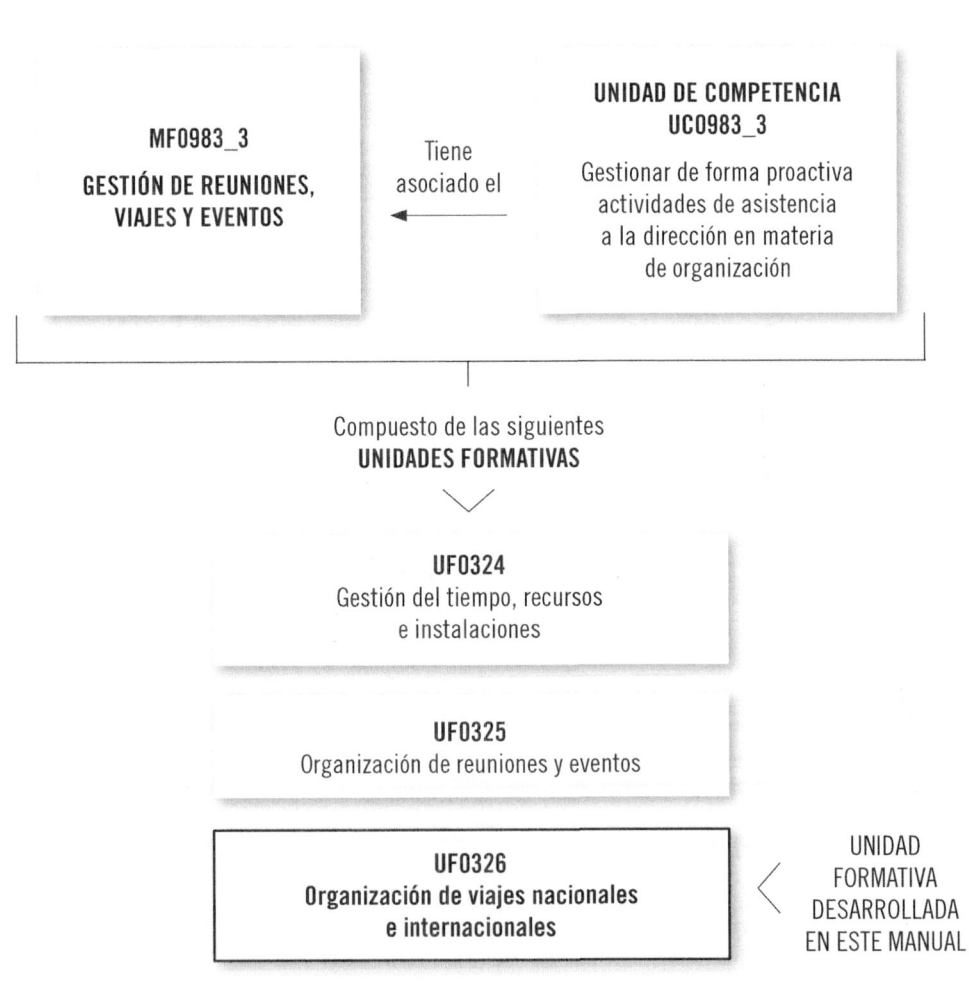

FICHA DE CERTIFICADO DE PROFESIONALIDAD

(ADGG0108) ASISTENCIA A LA DIRECCIÓN (R. D. 1210/2009, de 17 de julio, modificado por el R. D. 645/2011, de 9 de mayo)

COMPETENCIA GENERAL: Gestionar las informaciones y comunicaciones, internas y externas, relacionadas con los responsables y órganos de la dirección utilizando, en caso necesario, la lengua inglesa y/u otra lengua extranjera, manteniendo el archivo propio de la secretaría de dirección, así como asistir a la dirección en el desarrollo y ejecución de las actividades de organización delegadas por la misma, con visión global y pro-actividad, según los objetivos marcados y las normas internas establecidas.

Cualificación profesional de referencia		Unidades de competencia	Ocupaciones o puestos de trabajo relacionados:
ADG309_3 ASISTENCIA A LA DIRECCIÓN (R. D. 107/2008 de 1 de febrero)	UC0982_3	Administrar y gestionar con autonomía las comunicaciones de la dirección	• 3411.002.9 Secretario/a de dirección • 3411.001.0 Secretario/a en general • Asistente a dirección
	UC0983_3	Gestionar de forma proactiva actividades de asistencia a la dirección en materia de organización	
	UC0986_3	Elaborar documentación y presentaciones profesionales en distintos formatos	
	UC0984_3	Comunicarse en inglés, con un nivel de usuario competente C1 (usuario competente dominio operativo eficaz -nivel avanzado-), en las actividades de asistencia a la dirección	
	UC0985_2	Comunicarse en una lengua extranjera distinta del inglés, con un nivel de usuario independiente B2 (usuario avanzado equivalente a un intermedio alto), en las actividades de asistencia a la dirección	

Correspondencia con el Catálogo Modular de Formación Profesional

Módulos certificado	Unidades formativas	Horas
MF0982_3: Administración y gestión de las comunicaciones de la dirección		80
MF0983_3: Gestión de reuniones, viajes y eventos	UF0324: Gestión del tiempo, recursos e instalaciones	30
	UF0325: Organización de reuniones y eventos	60
	UF0326: Organización de viajes nacionales e internacionales	30
MF0986_3: Elaboración, tratamiento y presentación de documentos de trabajo	UF0327: Recopilación y tratamiento de la información con procesadores de texto	60
	UF0328: Organización y operaciones con hojas de cálculo y técnicas de representación gráfica en documentos	40
	UF0329: Elaboración y edición de presentaciones con aplicaciones informáticas	40
MF0984_3: Inglés profesional para la asistencia a la dirección	UF0330: Interpretación de las actividades orales y escritas de asistencia a la dirección en lengua inglesa	30
	UF0331: Interacciones orales en el entorno empresarial en lengua inglesa	50
	UF0332: Elaboración de documentación socio-profesional en lengua inglesa	30
MF0985_2: Lengua extranjera profesional distinta del inglés para la asistencia a la dirección		80
MP0076: Módulo de prácticas profesionales no laborales		80

Índice

Capítulo 3
Planificación del viaje

Capítulo 4
Documentación posterior al viaje

Capítulo 5
Protocolo nacional e internacional y usos sociales

Capítulo 1
Servicios y productos de las agencias de viajes

Contenido

1. Introducción

Las agencias de viajes son empresas del sector turístico en posesión de la correspondiente licencia, que se dedican a la organización y venta de productos relacionados con los servicios, el transporte y el ocio.

Las agencias de viajes se clasifican, según el artículo 9 del Decreto 301/2002, de 17 de diciembre, de agencias de viajes y centrales de reservas de la Junta de Andalucía, en tres grupos: agencias de viajes mayoristas, agencias de viajes minoristas y agencias de viajes mayoristas-minoristas.

Los servicios y productos más habituales de las agencias de viajes son la venta de billetes de toda clase de medios de transporte; la mediación en la reserva de plazas de cualquier alojamiento turístico; la organización o comercialización de viajes combinados o excursiones que no incluyan una noche de estancia; la información turística, difusión o venta de material publicitario relacionado con el turismo; el cambio de divisas y venta y cambio de cheques de viajeros; el arrendamiento de vehículos con o sin conductor; la reserva, adquisición y venta de billetes o entrada de espectáculos, museos y monumentos; y la organización y venta de todo tipo de servicios para personas individuales y colectivos específicos, adaptándose a las necesidades individuales de cada cliente.

2. Condiciones de la contratación de un servicio

Para la contratación de cualquier producto turístico hay que tener en cuenta una serie de factores intrínsecos: servicios incluidos, no incluidos, la responsabilidad, servicios que quedan sujetos a modificaciones sin previo aviso, etc. Es aconsejable y necesario que quede constancia por escrito y con todo detalle de lo ofertado, así se podrá demostrar en caso de incumplimiento como documento contractual.

| Emplazamiento físico | Equipamientos o infraestrucutras | Servicio tangible | Servicio intangible |

Componentes del producto turístico: emplazamiento físico concreto + equipamientos o infraestructuras + servicio tangible (cafetería)/ servicio intangible (calidad)

 **Definición**

Producto turístico
Es la combinación adecuada de un conjunto de recursos turísticos, bienes e instalaciones con una serie de servicios necesarios que, debidamente organizados, sirven para su comercialización e introducción en el mercado turístico.

2.1. Paquete turístico y viaje combinado

Los viajes combinados se regulan en España a través del Real Decreto Legislativo 1/2007, de 16 de noviembre de 2007. Esta norma define los **viajes combinados** como:

La combinación previa de, por lo menos, dos de los elementos señalados en el párrafo siguiente, vendida u ofrecida en venta con arreglo a un precio global, cuando dicha prestación sobrepase las veinticuatro horas o incluya una noche de estancia.

Los elementos a que se refiere el párrafo anterior son:

- *Transporte.*
- *Alojamiento.*

■ *Otros servicios turísticos no accesorios del transporte o del alojamiento y que constituyan una parte significativa del viaje combinado.*

En el concepto de viaje combinado es necesario distinguir dos figuras, organizador y detallista, que deben ser, en ambos casos, agencias de viajes.

El Real Decreto nombrado anteriormente los define de la siguiente manera:

*El **organizador** es la persona física o jurídica que organice de forma no ocasional viajes combinados y los venda u ofrezca en venta, directamente o por medio de un detallista; El **detallista** es la persona física o jurídica que venda u ofrezca en venta el viaje combinado propuesto por un organizador.*

Un viaje combinado puede englobar el billete de avión, los traslados del aeropuerto, los alojamientos, las excursiones, etc...

El **paquete turístico** es un producto turístico comprado en una agencia de viajes o tour-operador a un precio global que incluye dos o más servicios (manutención, transporte, alojamiento, etc.). Este paquete suele englobar partidas de gasto relativas al transporte y a la hostelería en general, de forma que el visitante no es capaz de establecer un precio individual para cada uno de los servicios incluidos en el mismo.

Son dos conceptos muy similares, la principal diferencia entre ambos radica en la **duración** de los mismos, es decir, el paquete turístico no tiene por qué sobrepasar las veinticuatro horas de duración.

A.M.P.A. "SAPONARIA" MAR MEDITERRÁNEO

EXCURSIÓN A LA ALHAMBRA DE GRANADA
19 / ENERO / 2024

PRECIO AUTOCAR POR PERSONA: **7€**

PRECIO DE LAS ENTRADAS POR PERSONA:

Menores de 9 años: **Gratis**
Entre 9 y 15 años: **3€**
A partir de 15 años: **6€**

Los interesados debéis hacer el pago de vuestra reserva lo antes posible en la cuenta del AMPA n.º:

3058-0010-59-2720000638

Enviar el justificante a ampamarmediterraneo@gmail.com indicando NOMBRE, APELLIDOS y EDAD de cada uno de los asistentes, porque tenemos que entregar un listado detallado para poder realizar la **Visita guiada a la Alhambra**

Gracias por vuestra colaboración
Hora de salida del autocar a las 7:00 desde el Auditorio Maestro Padilla

Ejemplo de un paquete turístico

Nota

La Ley de Viajes Combinados protege al consumidor en el sentido de que no se puede incrementar el precio del paquete contratado en los veinte días anteriores a la salida.

2.2. Las reservas y su gestión. Tipos de reservas

La reserva de un producto turístico es el anticipo de la formalización de un contrato para posteriormente adquirirlo y disfrutarlo. Como su propio nombre indica es reservar o anticipar una contratación para una adquisición posterior.

Una vez la agencia informa al cliente del coste de los servicios a prestar, y este lo acepta, se procede a realizar la reserva. Para la realización de la misma, el agente ha de conocer el DNI de las personas que van a viajar, fecha de salida y características del viaje (categoría del alojamiento, régimen alimenticio, servicios extras, etc.). Las reservas suelen hacerse por teléfono, fax, e-mail o programas informáticos. Hay que anotar el localizador de la reserva facilitado por la mayorista.

 Definición

Localizador
Es el "código de reserva", una combinación aleatoria de letras y números que se asocian a una reserva en el momento de crearla para facilitar su recuperación posterior.

BILLETE ELECTRÓNICO
RECIBO DEL ITINERARIO DE PASAJERO

IBERIA.COM   FECHA : 21 JUNIO 2095
  NONE   AGENTE : 12314
  NONE   NOMBRE : GARCÍA SÁNCHEZ / JOSÉ
IATA   : 784 123543
TELÉFONO : 902 123 11

COMPAÑIA EMISORA   : IBERIA
C.I.F   : A-28-017648
NÚMERO DE BILLETE   : ETKT 075 1234567891
FORMA DE IDENTIFICACIÓN   : NATIONAL IDENTITY 8213412091A
LOCALIZADOR DE RESERVA: 1A / 7NS7PZ

DE / A	VUELO	CL	FECHA	SAL	BASE TARIFA	NVA	NVD	BAG	ST
MADRID BARAJAS TERMINAL : 2 AMSTERDAM	IB 3244	N	23JUL	1915	NEUNNL	23JUL	23JUL	20K	OK
AMSTERDAM MADRID BARAJAS TERMINAL : 2	IB 3249	N	25JUL	1935	NEUNNL	25JUL	25JUL	20K	OK

Ejemplo de localizador de la reserva

Una vez hecha la reserva se debe solicitar confirmación escrita de la misma para evitar posibles malentendidos. En este documento se han de reflejar los servicios solicitados, su coste, así como la cantidad dada a cuenta mediante un justificante o recibo.

Existen distintas clases o tipos de reservas dependiendo de:

- El objeto de la reserva:

    - De transporte terrestre, aéreo o marítimo.
    - De paquete turístico.
    - De residencias en destino.
    - De servicios complementarios.

- Del sujeto:

  ▪ Reserva individual.
  ▪ Reserva colectiva.

- Del punto de venta:

  ▪ Reserva directa.
  ▪ Reserva por agencia.

 Recuerde

Thomas Cook fue un empresario inglés conocido por ser la primera persona en crear un viaje organizado, cuando en el año 1841 fletó un tren con un grupo de personas con destino a un congreso antialcohol en Loughborough.

2.3. Las tarifas. Conceptos y tipos

La tarifa es el listado de los precios o cuotas a pagar que se exige para utilizar un servicio público o acceder a un producto. Han de ser notificadas a la Administración turística con el fin de impedir que los precios que afectan a los servicios públicos dependan de la oferta y la demanda, y expuestos al público en sitios visibles y a su entera disposición, como garantía de defensa del consumidor y usuario.

Existen **tarifas de alta, media y baja temporada,** dependiendo de la demanda del producto, normalmente influenciado por la meteorología. Según la procedencia de la reserva se pueden distinguir distintos tipos de precios o tarifas: tarifa *rack*, tarifa por agencia, tarifa preferente y tarifa *corporate*.

- La **tarifa *rack*** es el precio más alto que alcanza la habitación. Esta tarifa no puede ser modificada durante su tiempo de vigencia. Pueden existir distintos precios o tarifas por agencia, TTOO (*Tour Operadores*), etc., según el tipo de establecimiento (vacacionales).

- La **tarifa preferente** se suele aplicar a clientes habituales o empresas que realizan ventas importantes dentro del establecimiento (urbanos).
- Por último, la **tarifa *corporate* o corporativa** se encuentra entre la tarifa *rack* y la preferente; es aplicable a empresas y agencias en general.

No obstante, cuando se habla de **tarifas,** las opciones son **infinitas.** Así existe la **tarifa fin de semana,** que suele cubrir el alojamiento desde la noche del viernes hasta el domingo. Estas tarifas suelen ser usadas por establecimientos urbanos para cubrir el bajo nivel de alojamiento durante el fin de semana.

Una **tarifa** habitual en establecimientos vacacionales es la denominada **"especial novios".** Están ofertadas a parejas y tienen una estancia mínima obligatoria.

 Nota

La palabra *tarifa* tiene su origen en un vocablo árabe (تعريف) que puede traducirse como "lista de precios".

2.4. Modificaciones y anulaciones

Dependiendo de quien ocasione las modificaciones y anulaciones, existen dos variantes: si el responsable es el organizador o si lo es el cliente. Estas modificaciones están amparadas por el Real Decreto Legislativo 1/2007, de 16 de noviembre, por el que se aprueba el texto refundido de la Ley General para la Defensa de los Consumidores y Usuarios y otras leyes complementarias:

- **Responsabilidad del organizador y del agente de viajes:** como en cualquier tipo de contrato, las agencias de viajes están obligadas a facilitar las condiciones y características estipuladas del producto ofertado. Normalmente ante la imposibilidad de ofrecer un servicio que forma parte del paquete turístico, previo consentimiento del cliente, este se debe reponer por un producto de semejantes características, y ante la negativa del cliente, llegar a romper el contrato vinculante si es posible y su anulación. Se pueden presentar tres situaciones:

1. Si el incumplimiento no incide significativamente en el programa de viaje, el resarcimiento está excluido; no es posible establecer su valor en el mercado ni el porcentaje que tiene la prestación incumplida.
2. Si el incumplimiento incide en el viaje, se aplican los remedios previstos en el Código Civil, en especial la disminución del precio. El juez también podrá disponer una indemnización equitativa.
3. Si el incumplimiento se produce antes del inicio del evento, el cliente tiene derecho al reembolso total de lo abonado.

■ **Responsabilidad del cliente:** este tiene sus derechos y deberes asistidos por ley, pero en caso de querer modificar lo contratado, es recomendable llegar a un acuerdo amistoso con la parte contraria sin imponer condiciones. La anulación unilateral por parte del cliente del producto contratado conlleva una penalización, dependiendo de la antelación con la que se solicite dicha anulación, de las condiciones pactadas y los seguros interpuestos a tal fin.

Anulación de reserva

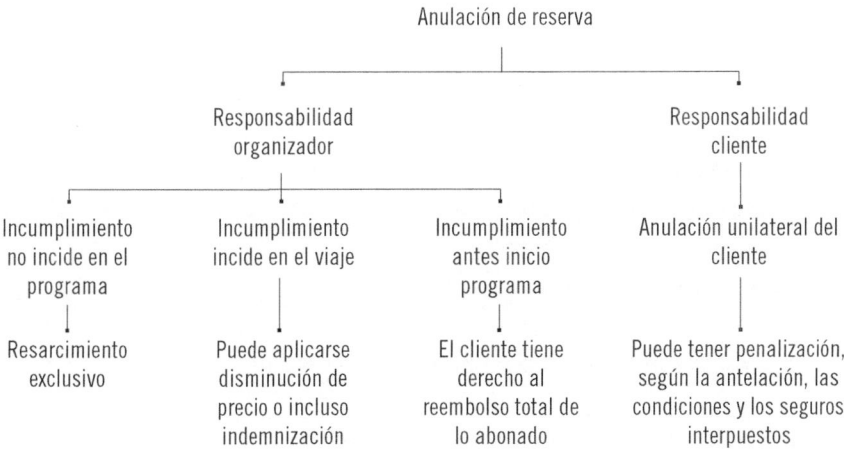

| 17

3. Seguros de viaje, médicos y de automóviles

En torno a los viajes y a la cultura del turismo han surgido una serie de seguros con diferentes coberturas según el tipo de actividad. Su fin es la protección del viajero.

3.1. Seguros de viaje

Las principales coberturas de los **seguros de viaje** son: asistencia médica, indemnización por fallecimiento o invalidez, traslado o repatriación del herido o fallecido, asistencia en caso de robo o avería del vehículo. Dentro de los seguros de viaje se distinguen:

- Seguros obligatorios y opcionales:

  - Las agencias de viajes están obligadas a contratar un seguro obligatorio de viajeros y es el que todos los medios de transporte deben tener contratado e incluido en sus precios. Este seguro **(SOV),** "seguro obligatorio de viajeros", solo cubre al viajero en los imprevistos que sucedan durante la utilización de dicho medio de transporte.
  - En cuanto a los seguros opcionales, es el tomador del seguro el que elige el tipo de prima contratada, de acuerdo a sus necesidades e importe.

- Seguros individuales y colectivos:

  - En el seguro individual, un viajero contrata ajustándose a la duración de su viaje y zona geográfica en la que se desarrolla.
  - El seguro colectivo es igual que el anterior, pero afecta a un grupo de personas que viajan juntos.

- Seguros generales y específicos:

  - El seguro general cubre la asistencia del pasajero en multitud de aspectos (pérdida de equipaje, accidente, repatriación, etc.).
  - El seguro específico solo cubre aquella parte del riesgo para la que se contrate (seguros de anulación, de equipajes, etc.).

El principal objetivo de los seguros de viajes es la protección del viajero.

 Recuerde

Un visitante es toda persona que viaja por un período no superior a doce meses a un lugar distinto a aquel en el que tiene su residencia habitual, cuyo motivo principal de la visita no es el de ejercer una actividad que se remunere en el lugar visitado. Se dividen en turistas y excursionistas: turista es el que permanece una noche por lo menos en un medio de alojamiento colectivo o privado en el lugar visitado; y excursionista el que no pernocta.

3.2. Seguros médicos

Como se ha visto en el apartado anterior, el seguro general cubre la asistencia médica. En el caso de viajar a Europa, se ha de informar a los clientes sobre la idoneidad de solicitar la Tarjeta Sanitaria Europea (TSE). Es un documento personal e intransferible que acredita el derecho a recibir las prestaciones sanitarias que resulten necesarias durante la estancia temporal por motivos de trabajo, estudios y turismo en alguno de los países de la UE.

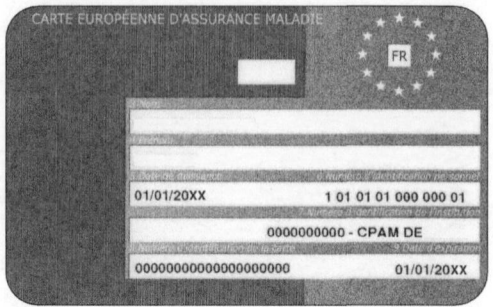

Tarjeta sanitaria europea

Si el cliente quiere viajar fuera de la Unión Europea, se le ha de informar de la obligación de contratar un seguro privado si quiere asegurarse la asistencia médica ante un hipotético accidente o enfermedad.

3.3. Seguro de automóviles

Como consecuencia de la importancia tanto a nivel social como económica de los riesgos de la circulación, en España es obligatorio el seguro de automóviles, en concreto el seguro de responsabilidad civil de suscripción obligatoria. Dicho seguro cubre los daños y lesiones ocasionadas a terceros por el vehículo asegurado en caso de tener un accidente.

Si un turista viaja a un país de la UE con su coche, no necesita ningún documento extra. Para algunos países ha de llevar la "Carta Verde", documento que certifica en el extranjero que el titular del seguro dispone de un seguro en regla y una póliza de responsabilidad obligatoria.

En el caso de que el cliente haga un viaje turístico, alquilando un automóvil en el destino, es muy importante la contratación de un seguro de coche, así como informarle de la cobertura del mismo.

Actividades

1. Hacer una recopilación de propaganda de algún viaje organizado para grupos e indagar sobre las carencias de la información.
2. Señalar cuál es la diferencia entre turista, visitante y excursionista, y poner ejemplos.

4. Medios y rutas de transporte nacionales e internacionales

Los medios de transporte permiten el traslado de personas y mercancías de un lugar a otro. Existen diferentes tipos de medios de transporte:

- Transporte terrestre:

  - Carreteras.
  - Ferrocarril.

- Transporte acuático o marítimo.
- Transporte aéreo.

La **red de carreteras** de España integra:

1. Red de Carreteras del Estado: carreteras nacionales, autopistas y autovías del Estado.
2. Red Secundaria de Carreteras de España: carreteras de titularidad autonómica, provincial y municipal.

Dicha red está formada por seis ejes básicos con centro en Madrid, que configuran una estructura radial:

Mapa de carreteras de España

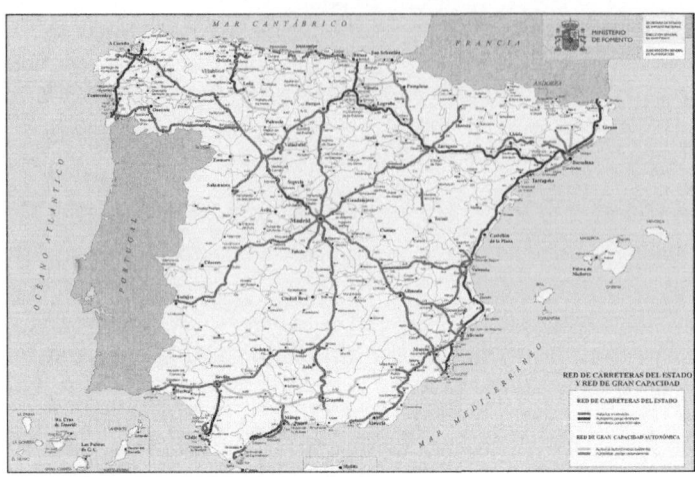

N-I: Madrid-Irún
N-II: Madrid-Barcelona-Junquera
N-III: Madrid-Valencia
N-IV: Madrid-Cádiz
N-V: Madrid-Badajoz
N-VI: Madrid-Coruña

 Nota

En la Puerta del Sol de Madrid se encuentra desde 1950 el denominado "kilómetro cero" de las carreteras radiales españolas.

Las principales vías de comunicación por carretera con Europa son a través de la N-I y la N-II; con Portugal hay una gran cantidad de vías de entrada; con el norte de África las vías de comunicación se realizan mediante transbordadores, que trasladan tanto a personas como a vehículos.

Kilómetro cero de la Puerta del Sol

El **ferrocarril** en España se compone de tres redes:

- Red Nacional de Ferrocarriles Españoles (RENFE): parte de la capital y es la red básica de la que se abren redes secundarias y complementarias.
- Ferrocarriles de Vía Estrecha (FEVE): se concentra sobre todo en la zona norte de la Península, desde Galicia hasta el País Vasco, aunque también existen líneas de este tipo en Cataluña, Valencia, Madrid y Mallorca.
- La red de Alta Velocidad Española (AVE): se inició con la línea Madrid-Sevilla, en 1992.

Red de Alta Velocidad Española (AVE)

La Unión Europea pretende que España se integre en la red europea de ferrocarriles. El problema de la diferencia del ancho de vía se soluciona mediante trenes capaces de cambiar el ancho de vía, cambiadores de ancho, así como la vía con tres carriles para dos anchos.

Con respecto al **transporte marítimo,** España tiene una gran actividad debido a su geografía, sus 4.207 km de costa peninsular y sus 2.784 km de costa insular y a las conexiones de la Península con las Islas Baleares, las Islas Canarias y las ciudades de Ceuta, Melilla y con el norte de África.

Los principales puertos españoles por tráfico de viajeros son: Algeciras, Ceuta, Melilla, Barcelona, Valencia, Baleares, Canarias y las rutas interinsulares.

Puerto de Barcelona

Entre las principales rutas marítimas se encuentran:

- Atlántico Norte: comunica Europa y el este de América del Norte.
- Mediterráneo: Europa y Asia, a través del Canal de Suez.
- Canal de Panamá: Europa y la costa oriental de América.
- Surafricana: Europa y América con África.
- Americana: Europa y América.
- Pacífico Norte: oeste de América con Oceanía y sur de Asia.

El **avión** es el medio más usado en los viajes de largo recorrido y, sobre todo, en los internacionales. Las principales capitales de provincia españolas, incluidas las insulares, están comunicadas vía aérea. El aeropuerto español más importante es el de Adolfo Suarez Madriz-Barajas, que consta de cuatro terminales y se encuentra ubicado en Madrid.

5. Medios de realización: internet, teléfono y otros

Los medios para realizar las actividades de asesoramiento, mediación y organización de las agencias de viajes pueden ser de dos tipos:

- Realización directa: el cliente se dirige a una agencia para adquirir un servicio de carácter turístico.

- Realización indirecta: el cliente a través de los medios de comunicación existentes adquiere el producto. Es a través de estos medios con los que las agencias de viajes han experimentado un gran auge en detrimento de la venta directa.

Las OTA (Agencias de Viajes *Online*) ayudan a los alojamientos y destinos turísticos a llegar a los clientes que están lejos y que, hubieran sido difíciles de alcanzar, de otra forma. Mediante el uso de internet se puede consultar la disponibilidad o aceptar medios de pago y desarrollar campañas de *marketing*.

Para las empresas relacionadas con el turismo, internet se ha convertido en un medio natural. Ha superado en todos los ámbitos a cualquier otra forma de comunicación, como pueda ser el teléfono, correo, etc. Una aplicación que está teniendo un gran auge entre las empresas turísticas es el código QR. Es un sistema que permite almacenar información en una especie de código de última generación. Con la ayuda de un dispositivo a través de su cámara de fotos, se puede recuperar la información almacenada en el mismo tan solo con apuntar la cámara hacia el código QR. Es utilizado con fines de promoción, *marketing* y comercialización turística.

El código QR es un sistema que permite almacenar información en una especie de código de barras de última generación.

 Nota

El código QR es un módulo útil para almacenar información en una matriz de puntos o un código de barras bidimensional, creado por la compañía japonesa *Denso Wave*.

Actividades

3. Enumerar algunas de las agencias *online* existentes en España.
4. Buscar en internet cinco empresas turísticas que hagan uso de un código QR y señalar qué ventajas ofrece su uso.

Aplicación práctica

Las agencias de viajes han visto incrementada su actividad en la red en los últimos años. La siguiente imagen corresponde a la página web de una de ellas. Señale qué servicios oferta.

Continúa en página siguiente >>

<< Viene de página anterior

SOLUCIÓN

- Viajes combinados de avión más hotel.
- Buscador de vuelos.
- Buscador de hoteles.
- Buscador de coches de alquiler.
- Cruceros.
- Buscador de Paradores.

6. Derechos del viajero

Los viajeros no siempre son conocedores de sus derechos, independientemente del medio de transporte que utilicen, o del país que visiten, ya sea comunitario o no. Tanto las agencias como los aeropuertos, así como las compañías aéreas, tienen que informar a los usuarios de las mejores opciones para llegar a su destino, y hacerles saber que tienen unos derechos.

Los derechos como pasajero incluyen:

- Derecho a la información.
- Derecho de asistencia en caso de cancelación o retraso de salidas (más de noventa minutos).
- Derecho a transporte alternativo o reembolso en caso de cancelación o retraso de salidas (más de noventa minutos).
- Derecho a indemnización, en determinadas circunstancias, en caso de retraso en la llegada.
- Derecho a reclamar.
- Derecho a viajar en iguales condiciones que otros ciudadanos aunque se tenga una discapacidad y/o movilidad reducida.

Todo pasajero tiene unos derechos que debe conocer.

6.1. Equipajes

Hay que distinguir entre el equipaje que se factura y que va en la bodega del avión, y el equipaje de mano, que como su nombre indica el pasajero lo lleva en la cabina. Cada compañía establece sus propias limitaciones de peso.

Entre los derechos del pasajero se encuentra el de pérdida o daño ocasionado al equipaje. En el caso de extravío, el usuario tiene derecho a una indemnización de hasta 1.385 €. Sin embargo, las compañías aéreas se eximen de esta responsabilidad en el caso de que hayan tomado las medidas suficientes y disponibles para evitar esos males, o en el supuesto de que les haya sido imposible tomar esas medidas.

En el caso de que el equipaje haya resultado dañado, el usuario puede presentar una reclamación a la compañía con la que ha realizado el vuelo en un plazo de siete días. En el supuesto de que se haya retrasado, este periodo se amplía a un máximo de veintiún días.

Ante cualquier incidencia relacionada con los equipajes, el usuario puede contactar con alguna organización de atención al consumidor, ya sea a nivel nacional o europeo.

6.2. Retrasos

La compañía aérea es la responsable del daño ocasionado por retrasos en el transporte aéreo, excepto en el caso de que se pruebe que adoptó todas las medidas necesarias para evitar ese daño (Bustos Moreno, 2003).

La Unión Europea ha redactado un manual, "Derechos de los pasajeros aéreos", según el cual el usuario tiene derecho a asistencia por parte de la compañía aérea si el retraso es de:

- Dos horas o más para vuelos de 1.500 km o menos.
- Tres horas o más para vuelos más largos dentro de la Unión Europea o para otros vuelos de entre 1.500 y 3.500 km.
- Cuatro horas o más para vuelos de más de 3.500 km fuera de la Unión Europea.
- Si el vuelo tiene una demora de más de cinco horas, y el pasajero decide no continuar el viaje, tiene derecho a que el billete le sea reembolsado y volver al lugar en el que comenzó el viaje.

 Nota

Esta asistencia incluye llamada telefónica, refrescos, alimentación, alojamiento y traslado al mismo.

En el supuesto de que el pasajero llegue a su destino final tres horas más tarde de lo previsto, puede tener derecho a la misma indemnización que corresponde por la cancelación del vuelo, a no ser que la compañía de transporte demuestre que el retraso ha sido provocado por causas extraordinarias.

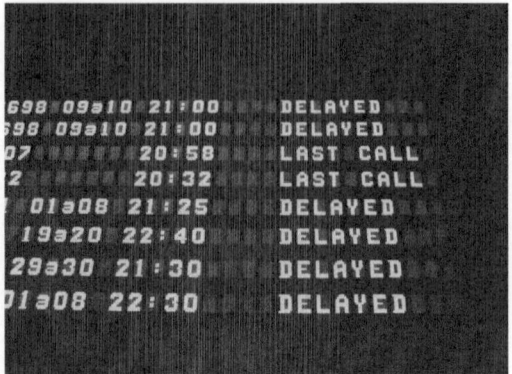

Las compañías están obligadas a responder de los daños ocasionados por los retrasos.

6.3. *Overbooking*

El *overbooking*, según la RAE, es la venta de plazas, especialmente de hotel y de avión, en número superior al disponible.

El *overbooking* existe y es algo que se da mucho en los hoteles. Se usa cuando un hotel pasó sus límites de ocupación y tiene más reservas de clientes que no los pueda alojar, o sea, hacerlas efectivas. Se trata de una práctica habitual en hoteles que está penalizada como infracción grave.

Puede ser resultado de una mala gestión del departamento de reservas o bien provocado por la dirección del hotel para asegurarse de este modo la total ocupación del establecimiento, previendo que habrá reservas que no se materialicen. Ante esta situación, el hotel ha de buscar alojamiento al cliente en otro hotel con la misma o superior categoría igual o superior a la suya.

En el caso de líneas aéreas, según el Reglamento (CE) núm. 261/2004, de 11 febrero, en caso de sobreventa (*overbooking*), o sea, cuando a los pasajeros se les deniega el embarque a un vuelo, las compañías aéreas están obligadas, en primer lugar, a buscar voluntarios, es decir, personas que se hayan presentado para el embarque y accedan, a petición del transportista aéreo, a renunciar voluntariamente a su reserva a cambio de determinados beneficios (Art. 2 k). Además, las compañías deben ofrecer a los voluntarios la posibilidad del reembolso completo o la modificación del trayecto. El pasajero que no embarca puede tener derecho a una compensación económica, que dependerá de la distancia del vuelo y de los retrasos ocurridos antes de la modificación del trayecto.

El orden por el que se asignan las plazas en un vuelo es la llegada a los mostradores de facturación, por lo que los últimos en llegar a facturar serán los que se verán afectados por este problema, aunque hayan efectuado su reserva con mucha antelación.

6.4. Cambios de horario

En los distintos puntos del globo terráqueo, en un mismo instante, no existe ni la misma hora ni la misma intensidad lumínica solar, esto mismo ocurre también cuando un país es muy extenso, no siendo recomendable unificar la hora en todo su territorio. Ejemplo de ello es la diferencia horaria existente entre la Península Ibérica y las Islas Canarias. Por todo esto se hizo necesario crear un sistema para fijar la hora correspondiente a cada lugar surgiendo el sistema de husos horarios.

En los viajes intercontinentales se producen también cambios horarios debido al paso por los distintos husos horarios, causando una perturbación en la regulación de los ciclos biológicos de la persona. Es recomendable conocer el horario del destino y adaptarse a los hábitos del país.

 Definición

Husos horarios
Cada una de las veinticuatro áreas en que se divide la Tierra, siguiendo la misma definición de tiempo cronométrico.

6.5. La protección de consumidores y usuarios. Derechos y obligaciones del cliente y de la agencia

El artículo 51 de la Constitución española determina como derecho de los ciudadanos la protección de los consumidores y usuarios por parte de los poderes públicos, exigiéndoles que:

- Garanticen su defensa.
- Protejan su seguridad, intereses y salud.
- Promuevan la información y educación de consumidores y usuarios.
- Fomenten las organizaciones de consumidores y usuarios.

Los derechos de los consumidores y usuarios en todo lo relativo a la realización de viajes combinados están regulados en el Libro Cuarto del Texto Refundido de la Ley General para la Defensa de los Consumidores y Usuarios, aprobado por el Real Decreto Legislativo 1/2007, de 16 de noviembre.

Son derechos básicos de los consumidores y usuarios, según el artículo 8 de este Real Decreto:

a. La protección contra los riesgos que puedan afectar su salud o seguridad.

b. La protección de sus legítimos intereses económicos y sociales (prácticas comerciales desleales e inclusión de cláusulas abusivas en los contratos).

c. La indemnización de los daños y la reparación de los perjuicios sufridos.

d. La información correcta sobre los diferentes bienes o servicios y la educación y divulgación para facilitar el conocimiento sobre su adecuado uso, consumo o disfrute.

e. La audiencia en consulta, la participación en el procedimiento de elaboración de las disposiciones generales que les afectan directamente y la representación de sus intereses, a través de las asociaciones, agrupaciones, federaciones o confederaciones de consumidores y usuarios legalmente constituidas.

f. La protección de sus derechos mediante procedimientos eficaces, en especial ante situaciones de inferioridad, subordinación e indefensión.

La protección de los consumidores se centra en la completa y detallada información que de forma obligatoria ha de facilitarse al usuario en la oferta, cuyo contenido tiene carácter vinculante para el organizador y para el detallista solidariamente. De esta manera, el consumidor tiene derecho a reclamarles a ambos en caso de modificación, incumplimiento o resolución. Las acciones de reclamación prescriben a los dos años. Una de las asociaciones más conocidas en España es la Organización de Consumidores y Usuarios (OCU).

OCU (Organización de consumidores y usuarios)

 **Nota**

La OCU es una asociación privada, independiente y sin ánimo de lucro, que surgió en 1975. Su objetivo es facilitar información y atender a los consumidores, así como la defensa de sus intereses.

Las **hojas de reclamaciones** son un instrumento institucional para canalizar de forma civilizada la existencia de un conflicto entre el establecimiento y consumidor, que el organismo administrativo competente debe posteriormente resolver en el sentido que la normativa establezca. Es un impreso que sigue un modelo estándar compuesto por tres hojas: para el establecimiento, para el usuario y la tercera para la Administración. Esta exige que estén a disposición del público de los diferentes establecimientos y que informen al público de su existencia.

El **Sistema Arbitral de Consumo** consiste en un procedimiento extrajudicial voluntario para la resolución de un conflicto entre un empresario y un consumidor. Su fallo, llamado laudo, tiene la misma eficacia que una sentencia judicial. Se caracteriza por:

- **Rapidez:** se tramita como máximo en cuatro meses desde la designación del Colegio Arbitral.
- **Eficacia:** como si se tratara de una sentencia judicial.
- **Voluntariedad:** ambas partes se someten libremente al sistema.
- **Ejecutividad:** los laudos son de obligado cumplimiento.
- **Economía:** es gratuito para ambas partes.

7. Legislación sobre viajeros en tránsito y aduanas

Los agentes de viajes están obligados, según la vigente Ley de Viajes Combinados, a informar de la documentación requerida a los ciudadanos de la UE para desplazarse a un destino ofertado en un folleto, así como si el viaje que van a realizar tiene alguna escala, es decir, si serán pasajeros en tránsito (Jiménez Abad, 2006).

 Definición

Pasajeros en tránsito
Pasajero de una línea aérea que haciendo escala en una ciudad conecta con otro vuelo hacia otro lugar de destino, bien con otro vuelo de la misma aerolínea transportista, o bien con otra empresa.

7.1. Documentación

La documentación requerida depende de los acuerdos y tratados entre los países. Entre dichos documentos destacan: el pasaporte, un billete de retorno, recursos económicos suficientes, reserva de hotel, etc. A continuación, se relacionan los más frecuentes:

- **DNI:** Documento Nacional de Identidad.
- **Visado:** documento para legalizar una entrada o la estancia de una persona en un país donde esta no tenga nacionalidad, que se adjunta al pasaporte o se incluye en las hojas del mismo e indica a las autoridades encargadas del control de fronteras que el documento ha sido examinado y considerado válido por el país de destino.

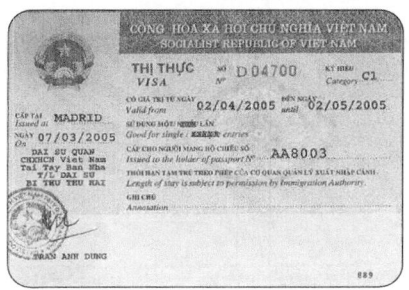

Visado de Laos

- **Pasaporte:** documento público, personal, individual e intransferible, expedido por los órganos competentes de la Administración General del Estado, que acredita, fuera de España, la identidad y nacionalidad de los ciudadanos españoles.
- **Ficha de control de entrada y salida:** a rellenar por el viajero, solicitando información con fines de seguridad.
- **Certificados de vacunación:** es obligatorio para algunos países. Se trata de un documento avalado por la Organización Mundial de la Salud (OMS), que asegura que el titular de dicho certificado ha sido vacunado contra diversas enfermedades.

 Recuerde

El pasaporte es un documento oficial, que expide el gobierno del país del turista, autorizando su salida del país. Visa es la autorización que otorga el gobierno del país que se visita, para poder entrar en él.

7.2. Normativa comunitaria, estatal, autonómica e internacional

Dependiendo del ámbito de aplicación la normativa varía, de este modo:

- La normativa internacional dependerá del país al cual se viaja. Por ejemplo, el Instrumento de Ratificación del Convenio para la unificación de ciertas reglas para el transporte aéreo internacional, hecho en Montreal el 28 de mayo de 1999.
- Con respeto a la normativa autonómica, en España, las comunidades autonómicas solo pueden legislar en materia de turismo. Todo lo relativo a desplazamientos de personas es materia exclusiva del Estado.
- La normativa estatal está supeditada a la comunitaria mediante el Acuerdo de *Schengen*.

Schengenland es el nombre que recibe el territorio formado por aquellos Estados de la Unión Europea que han acordado la creación de un espacio común. Tiene unos objetivos prioritarios: supresión de fronteras entre esos países, la seguridad, la inmigración y la libre circulación de personas. Es decir, una vez que un extranjero entra legalmente en algún Estado miembro del territorio *Schengenland*, puede circular libremente por el resto de los países con la documentación que le habilitó la entrada y durante el tiempo que le permita su visado (Sánchez Ribas, 2005).

El Acuerdo de Schengen permite la libre de circulación de ciudadanos por los países que lo conforman.

Actividades

5. Averiguar cuál es la documentación exigible para un viaje a Moscú y si es necesario el visado.
6. Señalar cuál es la diferencia entre pasaporte, visado y DNI, y qué documento de los citados se necesita para viajar a Bélgica.

8. Características y funciones de organismos oficiales

Los organismos oficiales más representativos de un país son la embajada, el consulado, las oficinas de turismo y acuerdos bilaterales entre países.

8.1. Embajadas

Una embajada es la representación diplomática de un gobierno nacional ante el gobierno de otro país. Es decir, una embajada defiende, en el extranjero, los intereses de un país.

Entre las **funciones que desempeña una embajada,** además de poner en contacto al país de origen con el de residencia, están:

- Representar al país acreditante.
- Proteger en el Estado receptor los intereses del país que representa.
- Negociar con el Estado receptor cualquier disputa o conflicto que pueda surgir.
- Informar a su gobierno sobre los eventos políticos, sociales, económicos y militares que ocurren en el país de residencia, así como preparar tratados y visitas de estado.
- Promover la cultura, economía y ciencias de su país, así como las relaciones amistosas entre ambos países.

- Propiciar los intereses políticos y económicos y mantener las relaciones entre las Fuerzas Armadas del país de la embajada y aquel en el que está ubicada.

Embajada de España en Tokio

 Actividades

7. Señalar en qué Estados se aplica el Convenio del Acuerdo de *Schengen*.
8. Averiguar qué tipo de oficinas de turismo hay en su ciudad.

8.2. Consulados

Un consulado es una oficina que depende de la Embajada, representa a la administración pública de un país en otro. Se encuentra en la capital del país extranjero y/o en otras ciudades. Entre las funciones más importantes destacan:

- Otorgación y renovación de pasaportes y otros documentos oficiales en caso de robo o pérdida.
- Dar información y orientación sobre temas jurídicos, médicos y notariales.
- Garantizar que las autoridades locales respeten sus derechos en caso de detención judicial.

8.3. Oficinas de turismo

Es una organización que provee información a los turistas potenciales y aquellos que visitan un determinado lugar para facilitar su decisión de viajar, su estancia y disminuir el riesgo de experiencias negativas durante su viaje, influyendo positivamente en la imagen del destino turístico. Es decir, se encarga de gestionar todos aquellos servicios concernientes a la acogida de visitantes, así como de organizar los trabajos de coordinación, promoción y comercialización de productos turísticos de su área.

Actualmente en España, según su titularidad, se pueden distinguir:

- Oficina de turismo estatal: gestionada por Turespaña y localizadas fuera de las fronteras españolas.
- Oficina de turismo autonómica: la encargada de su gestión es la Administración autonómica.
- Oficina de turismo provincial: administrada por la diputación provincial correspondiente.
- Oficina de turismo local: son los ayuntamientos los encargados de su gestión.

Algunas de las funciones que desempeñan las oficinas de turismo son:

- Información tanto presencial como a distancia a través de internet, correo, teléfono, etc., sobre la oferta del destino y sus alrededores.
- Edición y distribución de material informativo turístico del destino, ya sea en papel o en formato digital.
- Promoción del destino mediante la participación en ferias, contratación de campañas de publicidad, asistencia a *workshops, press trip,* etc.

- *Marketing* interno dirigido al sector turístico y a la población del destino para realizar campañas de calidad.
- Asesoramiento a empresas y profesionales sobre la actividad turística en el destino y la demanda.
- Diseño y puesta en marcha de nuevos servicios turísticos.
- Ayudar a las autoridades en el control, regulación y planificación del sector en el destino.

Recuerde

Un *press trip* es un viaje organizado por una oficina de turismo al que asisten periodistas extranjeros de distintos medios de comunicación, con el fin de que estos relaten, en sus respectivos países y medios, sus experiencias sobre el destino visitado.

8.4. Acuerdos bilaterales entre países

Según la Real Academia Española (RAE), contrato bilateral es un término de Derecho que significa: "El que hace nacer obligaciones recíprocas entre las partes". El Estado español tiene concluido formalmente y en vigor tipos o categorías de acuerdos bilaterales con países extranjeros en distintas materias, de manera que son vinculantes para ambos. Algunos de ellos versan en torno a:

- **Derechos humanos:** derecho de la mujer y de menores.
- **Derecho Penal Internacional:** terrorismo, droga y corrupción. Por ejemplo: Convenio entre el Reino de España y la República Argelina Democrática y Popular en materia de seguridad y de lucha contra el terrorismo y la criminalidad organizada, hecho en Argel el 15 de junio de 2008.
- **De asistencia policial internacional:** acuerdo de *Schengen;* derechos de asilo y refugiados; derechos de los extranjeros; etc.
- **Derecho Civil Internacional:** adopción internacional. Por ejemplo: Acuerdo bilateral entre el Reino de España y la República de Bolivia en materia de adopciones, hecho en Madrid, el 29 de octubre de 2001.

- **Derecho Político e Institucional:** doble nacionalidad; tratados de Amistad y Cooperación; etc. Por ejemplo: Convenio de Doble Nacionalidad entre España y Costa Rica.
- **Derecho Administrativo Internacional.**
- **Derecho relativo a la Seguridad Social.**

 Aplicación práctica

En breve tiempo puede formar parte de una agencia de viajes y entre sus cometidos estará el de informar y asesorar a los clientes. Una pareja desea realizar un viaje a Egipto, ¿qué recomendaciones les daría?

SOLUCIÓN

▮ Información sobre la ubicación y teléfonos del Consulado o la Embajada española en Egipto.
▮ Inscribirse en el registro de viajeros que se encuentra en la web del Ministerio de Asuntos Exteriores, Unión Europea y Cooperación.
▮ Duplicar los documentos que son necesarios para viajar a ese país.
▮ Repartir el dinero y objetos de valor en distintas maletas.
▮ En el caso de sufrir algún percance, ponerse en contacto con la Embajada o Consulado de España más cercano.

9. Resumen

Entre las funciones de las agencias de viajes destaca la de asesorar al cliente sobre las características del destino elegido, ayudarle en la selección del mismo, las diferentes tarifas existentes y los gastos de anulación y modificación de la reserva. Hay que informarle acerca de toda la documentación que necesita para viajar a su destino: billetes de regreso, documento de viaje, pasaporte o documento nacional de identidad en vigor, visado para aquellos países que lo requieran, vacunaciones, permisos especiales y un seguro de viaje lo más amplio posible.

También se ha de informar al viajero sobre los derechos que tiene como pasajero en caso de retraso, cancelación, *overbooking*, daño o extravío de equipaje. Es importante no olvidar la adecuación a la hora del destino, en caso de que se haya sufrido un cambio horario.

En el supuesto de que el viaje sea a un país extranjero, se le ha de informar de las costumbres, moneda, tiempo predominante durante su estancia e incluso de las leyes del país elegido. También, el viajero debe llevar consigo la dirección y el número de teléfono del consulado o de la embajada de su país ubicada en los lugares que vaya a visitar, ya que son muy útiles en caso de que ocurra algún problema.

Los organismos oficiales que pueden ayudar al pasajero son las embajadas y consulados, las oficinas de turismo y algunos de los acuerdos bilaterales que España tiene con diferentes países de todo el mundo.

Ejercicios de repaso y autoevaluación

1. **De las siguientes frases, indique cuál es verdadera o falsa:**

   a. La Ley de Viajes Combinados protege al consumidor en el sentido de que no se puede incrementar el precio del paquete contratado en los treinta días anteriores a la salida.

        ☐ Verdadero
        ☐ Falso

   b. El detallista en un viaje combinado es la persona física que vende u ofrece en venta dicho viaje.

        ☐ Verdadero
        ☐ Falso

   c. La red de Alta Velocidad Española (AVE) fue inaugurada en España la apertura de la línea Madrid-Barcelona, en 1992.

        ☐ Verdadero
        ☐ Falso

2. **Relacione las siguientes frases**

Para viajar por Europa	Condiciones generales de garantía
Seguros del coche de alquiler	Visado
Viajeros en tránsito	Tarjeta Sanitaria Europea (TSE)
Viajes intercontinentales	Cambio de horario

3. **Las agencias de viajes están obligadas a contratar...**

   a. ... una póliza de responsabilidad penal.
   b. ... un seguro de responsabilidad a terceros.
   c. ... un seguro obligatorio de viajeros.
   d. ... un guía.

4. **De las siguientes frases, indique cuál es verdadera o falsa:**

   a. Si un turista viaja a cualquier país de la Unión Europea necesita llevar la Carta Verde.

      ☐ Verdadero
      ☐ Falso

   b. El kilómetro cero de las carreteras radiales españolas se encuentra en la Puerta de Atocha, en Madrid.

      ☐ Verdadero
      ☐ Falso

5. **Las agencias de viajes se clasifican, según el artículo 9 del Decreto 301/2002, de 17 de diciembre, en tres grupos. ¿Cuáles son?**

   _____
   _____
   _____
   _____

6. **Complete la siguiente definición:**

   Visitante: toda persona que _____ por un período no _____ a _____ a un lugar distinto a aquél en el que tiene su _____ habitual, cuyo motivo principal de la visita no es el de ejercer una actividad que se remunere en el lugar visitado. Se dividen en _____ y _____.

7. **Relacione las siguientes frases:**

Thomas Cook	Código de reserva
Tarifa *rack*	Se aplica a los clientes habituales
Localizador	Creó el primer viaje organizado
Tarifa preferente	Precio más alto de una habitación

8. Complete la siguiente oración:

Las agencias de viajes son _____ del sector _____ en posesión de la correspondiente _____, que se dedican a la organización y venta de productos relacionados con los servicios, el transporte y el _____.

9. ¿Qué son los husos horarios?

_____
_____

10. ¿En qué consiste el localizador de una reserva?

_____
_____
_____
_____

11. ¿Cuál de los siguientes documentos NO es necesario llevar en un viaje?

    a. DNI.
    b. Pasaporte.
    c. Carné de conducir.
    d. Certificado de vacunación.

12. ¿En qué consiste una hoja de reclamaciones?

_____
_____
_____
_____
_____
_____
_____

13. De las siguientes frases, indique cuál es verdadera o falsa:

a. En el caso de que un hotel haga *overbooking,* el cliente tiene que buscar un nuevo alojamiento.

☐ Verdadero
☐ Falso

b. La Red de Carreteras de España tiene estructura piramidal.

☐ Verdadero
☐ Falso

c. Todo pasajero tiene derecho a viajar en iguales condiciones que otros ciudadanos aunque se tenga una movilidad reducida o necesidades especiales.

☐ Verdadero
☐ Falso

d. Si el vuelo tiene una demora de menos de una hora, y el pasajero decide no continuar el viaje, tiene derecho a que el billete le sea reembolsado y volver al lugar en el que comenzó el viaje.

☐ Verdadero
☐ Falso

14. ¿En qué consiste un Sistema Arbitral de Consumo? ¿Cuáles son sus características?

_____
_____
_____
_____
_____
_____
_____
_____

15. **Las siglas OCU hacen referencia a...**

      a. ... Oficina de Cooperación Universal.
      b. ... Organización para la Cooperación de Usuarios.
      c. ... Organización de Consumidores y Usuarios.
      d. ... Oficina de Compradores y Usuarios.

Capítulo 2
Organización del viaje

Contenido

1. Introducción

El éxito de un buen viaje depende en gran medida de que previamente se haya hecho una planificación del mismo, es decir, tener todo organizado y previsto antes del día de salida. Hay una serie de factores a considerar que son imprescindibles, tales como el clima, la situación política y las condiciones higiénico-sanitarias del destino.

Asimismo, se ha de tener en cuenta si es necesario tener visado para acceder al país de destino, o bien tener un permiso especial. En algunas ocasiones se necesita un documento determinado que se puede demorar más de lo convencional. Para evitar que esta situación pueda suceder, es aconsejable que el viajero consulte con la embajada o bien que su agente de viajes le asesore al respecto.

También hay que prever todo lo referido a vacunas y medicamentos. En algunos países pueden denegar el acceso al turista en el caso de que no presente la cartilla de vacunación contra enfermedades concretas o epidemias.

Con respecto a los seguros de viaje, estos no son obligatorios, pero, dependiendo de la duración del viaje y del riesgo que conlleve, es aconsejable contar con un seguro médico.

2. Objetivos del viaje

Una de las grandes preguntas que hay que hacerse antes de planificar un viaje es: ¿qué es lo que se quiere obtener del viaje?

Hay muchos tipos de viajes, no basta con querer ir a Londres, primero hay que saber qué se quiere obtener con ese viaje. Dos personas pueden ir a un mismo sitio de vacaciones y, sin embargo, ser dos viajes totalmente diferentes por el medio de transporte elegido. Se puede ir a Londres en coche, en tren, en avión e incluso en barco. Una vez en el destino hay infinidad de actividades que realizar: visitar museos, ver espectáculos o simplemente pasear por sus calles. Todas son apasionantes, y a la vez diferentes. Por ello, el turista se ha de plantear qué objetivos quiere lograr con el viaje.

Definición

Turista
Todo visitante que permanece una noche por lo menos en un medio de alojamiento colectivo o privado en el lugar visitado.

Los principales objetivos que el turista se puede marcar al realizar un viaje pueden ser: descanso, ponerse en forma, diversión, cultural, aventura, evasión, visitar amigos y familiares, etc.

Los objetivos han de ser concretos y medibles, enfocados a la acción, realistas y han de tener un periodo de tiempo fijo.

Los objetivos del viaje son diferentes para cada persona.

3. Presupuesto

El presupuesto es la cantidad de dinero calculado para hacer frente a los gastos generales del viaje. En función del presupuesto, así será el viaje a realizar, es decir, la duración, alojamiento, los lugares a visitar, etc. Es aconsejable destinar una cantidad de dinero para sucesos inesperados (robos, pérdidas, medicinas, etc.), aunque algunos los cubra el seguro de viaje.

Los servicios que se pueden incluir en el presupuesto son los siguientes: medio de transporte, alojamiento previsto, régimen alimenticio, traslados, visitas, guías, servicios extra, seguros de viajes, gastos diversos, etc.

Existen unos gastos previos al viaje:

- La reserva del mismo, documentación, seguros, vacunas, etc.
- Los gastos del equipaje dependen mucho de cada persona: maleta, cámara de fotos, móvil, video, complementos, etc.
- El pago definitivo del viaje.

Y otros gastos durante el viaje, excluyendo lo contratado, pueden ser las tasas fronterizas y actividades extras: entradas a museos, transporte durante la estancia, compras, excursiones no contratadas, imprevistos, propinas, gastos de teléfono, cargos por internet, etc. Para facilitar el cálculo, es recomendable fijar un gasto medio diario según las posibilidades del viajero, que multiplicado por el número de días dará una cantidad total orientativa. Esta cantidad resultante debe incrementarse en un porcentaje para dar más margen y absorber subidas de precios e imprevistos.

Es muy importante tener en cuenta el cambio de divisa, en el caso de que sea diferente a la del país del turista. Es aconsejable comprarlas en cualquier banco antes de la salida del viaje, para así pagar lo establecido sin apenas comisiones. Es recomendable asimismo llevar tarjetas de crédito que sean universales.

 Nota

Las divisas fluctúan entre sí dentro del mercado monetario mundial, y se pueden establecer distintos tipos de cambio entre divisas, ya que estas cambian constantemente en función de diversas variables económicas.

La propina es una voluntaria expresión de agradecimiento por un buen servicio. Sin embargo, algunas navieras intentan imponerlas como obligatorias, y presentan tres posibles opciones:

- Prepagadas. La agencia las incluye en la reserva.
- Incluidas en la cuenta del pasajero, una vez embarca.
- Pagadas en efectivo una vez concluye el crucero.

 Actividades

1. Enumerar cinco objetivos de un viaje.
2. Hacer una relación de gastos imprevistos en el presupuesto de un viaje.

4. Lista de comprobación y confirmación

Es imposible confeccionar una lista de viaje que se ajuste exactamente a los diferentes destinos y a cada uno de los turistas. Cada viajero debe elaborar su propia *check list* a fin de facilitar la organización de su viaje. En ella es aconsejable que se recojan una serie de ítems, tales como:

- Preparar la documentación necesaria: DNI, pasaporte, cartilla de vacunación, visado, etc.
- Comprobar los billetes del avión/barco u otro medio de transporte, es decir, verificar la fecha y hora de salida, y que dicho vuelo/trayecto no haya sido cancelado.
- Confirmar el bono del hotel. Este es un documento emitido por una agencia de viajes en el que se pide al proveedor (hotel) la prestación de los servicios indicados, cuyo importe queda cubierto por el mismo, excepto si es un bono de presentación.
- Comprobar que se llevan las tarjetas de crédito y divisas, en caso de viajar al extranjero.

- Asegurarse de que se lleva todo lo necesario para la higiene personal en el neceser.
- Consultar la predicción del tiempo que hará en el destino para llevar ropa adecuada.
- Revisar la agenda de reuniones, en el caso de tratarse de un viaje de negocios.

 Definición

Check list

Es un anglicismo. Es una relación de cosas que se anotan para poder verificarlas. Equivale a lista de control o de verificación.

La siguiente **check list** es solo un guión a seguir y de la que se pueden eludir o añadir tantos apartados como el viajero estime necesarios.

CHECK LIST DE VIAJE	Documentos y útiles		Ropa y calzado		Higiene personal	
Maleta			Pantalones	X	Neceser	X
			Cinturones	X	Desodorante	X
			Camisas	X	Colonia	X
			....		....	
Mochila o bolso de mano y cartera	DNI Pasaporte	X				
	Divisas y tarjetas de crédito/débito	X				
	Billetes (avión, tren, etc.)	X				
	Visados y permisos					
	Cartilla de vacunación	X				
	....					

Lista de comprobación y confirmación

5. Documentación necesaria anterior al viaje

Las personas pertenecientes a la Unión Europea no tienen apenas problemas para poder circular por cualquier país miembro; en muchos casos solo necesitan el DNI. Lo que hay que tener en cuenta es que no todos los países de Europa pertenecen a la Unión Europea, así que en algunos se necesita pasaporte, tanto para entrar como para salir, aunque existen acuerdos bilaterales entre algunos de estos países y la UE para poder entrar solo con el documento de identidad como Albania, Andorra, Antigua República Yugoslava de Macedonia, Bosnia y Herzegovina, Georgia, Islandia, Liechtenstein, Moldavia, Mónaco, Montenegro, Noruega, San Marino, Santa Sede, Serbia y Suiza.

Para poder visitar cualquier otro país, se exige tener el pasaporte en regla. Es preciso tener en cuenta que en algunos países la validez mínima del pasaporte ha de ser de seis meses a partir de la fecha de entrada en el territorio que se visita, por lo que en ocasiones hay que renovarlo antes de su fecha de caducidad. Es aconsejable comprobar, antes de comenzar el viaje hacia un país extranjero y con bastante antelación, si la documentación de identificación está en vigor.

5.1. Visados

El visado es la autorización formal que conceden las autoridades españolas que se debe presentar en el control de la frontera. Faculta para la entrada en el territorio nacional y para las solicitudes de documentación que el interesado pida posteriormente.

 Importante

El visado se adjunta al pasaporte o se incluye en sus hojas, e indica a las autoridades encargadas del control de fronteras que el documento ha sido inspeccionado y calificado como válido por el país de destino.

Como ya se ha visto, se adjunta al pasaporte o se incluye en las hojas del mismo, e indica a las autoridades pertinentes de fronteras que el documento ha sido examinado y es considerado válido por el país de destino.

Existen diferentes tipos de visados que son expedidos en los consulados:

- **Visa de tránsito:** sirve para una persona que hace escala en un país para posteriormente continuar viaje a otro. Puede permanecer en esta escala por lo general un máximo de tres días.
- **Visa de turista:** destinado a personas que deseen visitar un país con un fin de turismo. Esta persona no puede ni trabajar ni hacer negocios en el país que visita. Se necesita tener un mínimo de dinero para poder entrar en el país. Su validez oscila entre uno y seis meses.
- **Visa de trabajo:** su fin es trabajar, siempre y cuando una empresa del país de destino contrate a una persona con ese motivo. Su plazo de validez es mayor que las anteriores y renovable.
- **Visa de estudiante:** destinada a personas que estudian en el país de destino.
- **Visa diplomática:** dirigida a personas que tengan un cargo diplomático.
- **Visa de periodista:** sus destinatarios son periodistas que cubren determinados eventos informativos del país.
- **Visa de matrimonio:** para personas que contraen matrimonio con otra cuya nacionalidad es la del país de destino.

También puede distinguirse entre visados de entrada y de salida:

- **Visa de entrada:** es una autorización para poder entrar en el país al que una persona se dirige.
- **Visa de salida:** es el que algunos países exigen a sus ciudadanos cuando desean cruzar sus fronteras.

5.2. Pasaportes –ordinarios y especiales–

El Ministerio del Interior de España distingue diferentes clases de pasaportes para las personas que ostentan nacionalidad española. Estos son:

- **Pasaporte ordinario:** es el pasaporte normal de los ciudadanos con nacionalidad española. Es individual y es expedido por las Jefaturas Superiores y Comisarías de Policía a los españoles. Tiene una validez improrrogable de cinco años si el titular es menor de treinta años en la fecha de su expedición, y será de diez años cuando haya cumplido esa edad. Para los menores de cinco años la validez del pasaporte se limitará a dos años.

- **Pasaporte colectivo:** desde el 26 de junio de 2012 todos los pasaportes y documentos de viaje son unipersonales. Por tanto, los pasaportes colectivos no son admitidos en el control fronterizo, excepto los documentos que ya han sido expedidos hasta que expire su vigencia. Este tipo de pasaporte era expedido con motivo de peregrinaciones, excursiones o viajes en grupo. Tenía una validez limitada a un solo viaje, que no podía exceder de tres meses.

- **Pasaporte diplomático:** es expedido por el Ministerio de Asuntos Exteriores, Unión Europea y Cooperación y sus titulares son altas personalidades de la nación, miembros de la Carrera Diplomática y Consular y otros altos cargos. Tiene una validez de tres años, ampliable hasta cinco. Cuando se prevea que la necesidad de disponer de este pasaporte sea menos de tres años, la validez será por el tiempo imprescindible que en cada supuesto proceda.

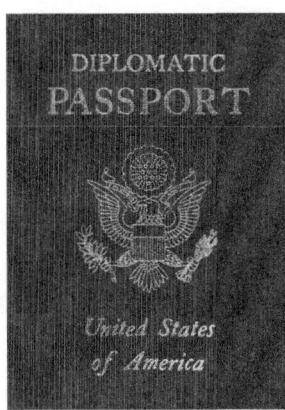

Pasaporte diplomático

- **Pasaporte oficial y de servicio:** su expedición corresponde al Ministerio de Asuntos Exteriores, Unión Europea y Cooperación. Sus titulares son funcionarios o particulares que deben salir de España en comisión de servicio al extranjero, y personal de las representaciones diplomáticas y oficinas consulares de España en el extranjero. Dicho titular ha de tener el pasaporte ordinario en vigor. La validez del pasaporte oficial es la del tiempo que dura la misión; la del pasaporte de servicio es la del tiempo que estén adscritos a dichos servicios.

 Importante

El pasaporte es un documento público, personal, individual e intransferible, expedido por los órganos competentes de la Administración General del Estado.

5.3. DNI

El Documento Nacional de Identidad (DNI), según el Ministerio del Interior, es un documento público, personal e intransferible, emitido por dicho Ministerio, que acredita la identidad y los datos personales de su titular, así como la nacionalidad española del mismo. El DNI es obligatorio desde los 14 años y su tramitación se lleva a cabo en la Comisaría de la Policía Nacional de la localidad en que se reside.

El DNI ha evolucionado con la tecnología para incrementar la seguridad del documento y sus utilidades.

 Nota

El DNI, como se conoce hoy en día, apareció por primera vez después de la Guerra Civil. Fue creado por Decreto de la Presidencia el 2 de marzo de 1944, reemplazando a las antiguas cédulas personales.

Con la llegada de las TIC (Tecnologías de la Información y Comunicación) se han adecuado los mecanismos de acreditación del individuo a la nueva realidad. Así nace el Documento Nacional de Identidad electrónico (DNI-e), similar al tradicional, y su primicia es que contiene un pequeño circuito integrado (chip), capaz de almacenar mucha información y de procesarla. Sus grandes logros son:

- Acreditar electrónicamente y de forma precisa la identidad de la persona.
- Firmar digitalmente documentos electrónicos, dándoles una validez jurídica equivalente a la que les proporciona la firma manuscrita.

Las nuevas utilidades del DNI-e son:

- Realizar compras firmadas a través de internet.
- Realizar trámites completos con las Administraciones públicas a cualquier hora y sin tener que desplazarse ni hacer colas.
- Hacer transacciones seguras con entidades bancarias.
- Utilizar el ordenador personal con total garantía de seguridad.
- Tener una conversación por internet con la confianza de que el interlocutor es quien dice ser.

El DNI-e acredita electrónicamente y de forma precisa la identidad de la persona.

 **Recuerde**

En Estados Unidos, Gran Bretaña, Canadá, Australia, Nueva Zelanda y algunos países escandinavos, no existe un documento identificativo similar al DNI. El documento más utilizado es el carnet de conducir.

5.4. Permiso de conducir

A partir del 19 de enero del 2013 se estableció en España el permiso de conducir europeo. Es un documento válido en los Estados miembros de la Unión Europea (UE) en base a la Directiva 2011/94/UE, de 28 de noviembre de 2011, sobre la conveniencia de adaptar las nuevas autorizaciones válidas para conducir en la Unión Europea.

El formato del nuevo documento es parecido al de una tarjeta de crédito. Tiene un circuito integrado donde almacena información del conductor, facilitando su uso en el espacio europeo.

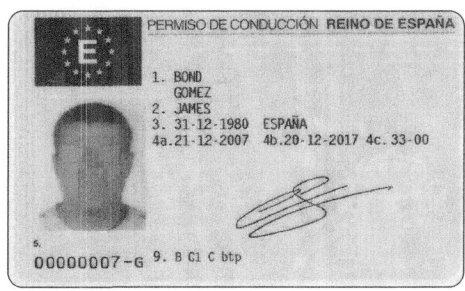

Permiso de conducción europeo

6. Gestión de las necesidades del país o países que se visiten

El Ministerio de Asuntos Exteriores, Unión Europea y Cooperación ha elaborado el manual de *Recomendaciones de viaje*. Informa de la documentación necesaria para entrar en un país, las condiciones sanitarias y de seguridad, etc. Algunas de ellas son:

- Inscribirse en el registro de viajeros.
- Contratar un seguro médico de viajes.
- Preparar la documentación necesaria: DNI, pasaporte, visados, etc.
- Llevar medios de pago suficientes.
- Respetar la legislación y costumbres del lugar de destino.
- Tomar nota del teléfono y dirección de la Embajada o Consulado de España en el país a visitar.
- En caso de detención, solicitar de inmediato a las autoridades locales que se comunique dicha circunstancia al Consulado español.
- Si se trata de estancias prolongadas, registrarse como transeúnte en la Oficina Consular.

6.1. Vacunación

El viajero ha de informarse sobre el riesgo de contagiarse de alguna enfermedad en el país que pretende visitar y las medidas que hay que tomar para prevenirla. El riesgo que tiene un turista de contraer una enfermedad depende de la prevalencia local de esa afección y de otros factores diversos como la edad, estado de inmunización y estado de salud actual, así como del itinerario, duración y estilo del viaje. La evaluación del riesgo individual del viajero permite al profesional sanitario determinar la necesidad de vacunaciones o medicación preventiva (profilaxis) y proporcionar asesoramiento sobre precauciones para evitar enfermedades.

 Definición

Profilaxis
Conjunto de medidas que se toman para proteger o preservar de las enfermedades físicas o psíquicas o su propagación.

Estos son algunos tipos de vacunas según las necesidades, el país a viajar o zona de contagio:

- Vacunas rutinarias: por ejemplo, gripe, sarampión, rubéola, etc.
- Uso selectivo para viajeros con destino a zonas de riesgo: cólera, hepatitis A, fiebre amarilla, etc.
- Vacunas exigibles como fiebre amarilla en algunos países, meningococo y polio (requisito para peregrinos en Arabia Saudí).

Se deben tener en cuenta los siguientes factores para recomendar las vacunas apropiadas:

- Riesgo de exposición a la enfermedad.
- Edad, estado de salud e historial de vacunación.
- Reacciones a anteriores dosis de vacuna y alergias.
- Riesgo de infectar a otros.
- Coste.

El Ministerio de Sanidad ha redactado un manual con consejos y normas sanitarias para viajeros internacionales. Entre ellos destacan:

- En caso de que el viajero tenga una enfermedad crónica, este debe llevar toda la medicación consigo y por duplicado (en el equipaje de mano y maleta) como precaución ante robo o pérdida, así como el nombre y datos de su médico de contacto.
- Viajar con un seguro general de viajes. En el caso de que el destino sea de riesgo sanitario importante y la asistencia médica cara, es aconsejable contratar un seguro médico especial.
- Evitar alimentos que se hayan mantenido a temperatura ambiente durante varias horas.
- Evitar el hielo, a no ser que esté hecho con agua segura.
- Evitar los alimentos crudos, aparte de fruta y vegetales, que puedan ser pelados o sin cáscara. Tampoco se ha de tomar fruta con piel dañada.
- Si el agua es de dudosa calidad, hervirla hasta eliminar los microorganismos patógenos que originan enfermedades. En el caso de que no sea posible, desinfectarla con productos químicos como el cloro y el yodo.

■ Tener cuidado con los baños en lugares de agua dulce como lagos, pueden estar infectados por larvas que penetran en la piel y provocan enfermedades.

■ Protegerse de animales que pueden provocar enfermedades como la rabia, brucelosis, etc.

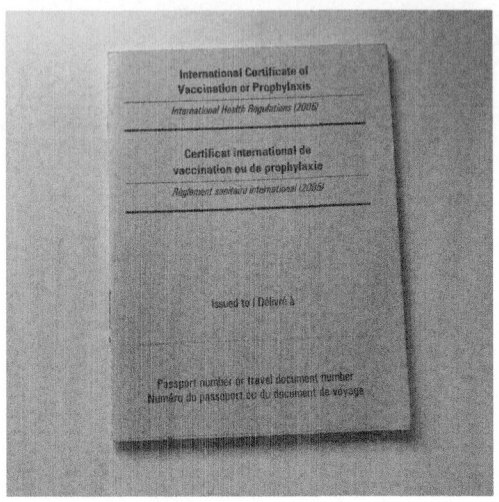

Cartilla internacional de vacunación

6.2. Permisos especiales

Según el destino elegido, el viajero tendrá que preparar una documentación u otra. De este modo necesitará DNI, pasaporte, visado, certificado de vacunación, etc. En el caso de viajar con menores es aconsejable llevar la documentación correspondiente a los niños, así como la que acredita la paternidad o patria potestad de los mismos, como es el Libro de Familia. De igual modo es aconsejable inscribirse antes del comienzo del viaje en el Registro de Viajeros del Ministerio de Asuntos Exteriores, Unión Europea y Cooperación para, en caso de algún problema, disponer de asistencia inmediata de la Embajada o Consulado General de España.

 **Nota**

El Libro de Familia acredita la relación de parentesco entre una pareja o entre padres e hijos. Es gratuito, y se entrega en el Registro Civil al contraer matrimonio o al inscribir a un hijo si los padres no están casados.

En determinados países existen unos permisos especiales de entrada y salida de su territorio para controlar el éxodo y entrada de ciudadanos.

6.3. Control de aduanas

El origen etimológico de la palabra aduana tiene una doble vertiente. Por un lado proviene del persa *"diván"*, que significa: "El lugar de reunión de los administradores de finanzas"; este término evoluciona al árabe *"diovan"* y posteriormente al italiano *"dogana"*, finalizando en "aduana".

Por otro lado, procede del vocablo arábigo *"divanum"* cuyo significado era: "la casa donde se recaudan los derechos". Posteriormente, pasa a denominarse *"divana"*, luego *"duana"*, y en la actualidad "aduana".

En los siglos XV y XVI a.C. surgen las primeras aduanas en Egipto, consecuencia del periodo floreciente del comercio. Nace la idea de pagar a la nación impuestos por el paso de las mercancías.

En España, las aduanas son unidades administrativas de la administración pública que orgánicamente dependen de Agencia Tributaria dentro del Ministerio de Hacienda y Función Pública. Sus funciones principales son:

- Controlar la entrada y salida de mercancías.
- Recaudar impuestos al comercio exterior.
- Ejercer la vigilancia en materia de sanidad, migración y seguridad nacional.

El jurista Carlos Anabalón la define como el organismo estatal que se encarga de intervenir en el tráfico internacional de mercancías a través de las fronteras del país, aplicando las normas legales y reglamentarias relativas a la importación y exportación. Fija y percibe los tributos, así como practica exenciones o franquicias que le corresponde.

De igual modo, en algunos países la aduana no solo se limita al control de las mercancías, sino que regula el tráfico de personas y el control de capitales.

6.4. Equipajes

Según la Real Academia Española (RAE), equipaje es el conjunto de cosas que se lleva en los viajes. Por extensión, equipaje es el conjunto de bolsos, maletas y demás contenedores donde las personas trasladan todo lo necesario para sus viajes y desplazamientos.

En avión

El medio de transporte aéreo es donde los equipajes tienen más limitaciones. **El equipaje del avión** es susceptible de algunas consideraciones:

- **Equipaje de mano:** es el conjunto de enseres personales, sujetos a unos límites de tamaño, que lleva el pasajero consigo en la cabina del avión, tales como carteras portadocumentos, ordenadores personales, cámara fotográfica, muletas y coches de bebé, siempre que no sobrepasen unas medidas o peso determinados.
- **Equipaje a facturar:** es el equipaje que el viajero factura en el aeropuerto e irá en la bodega del avión. Dicho equipaje será etiquetado con el nombre del pasajero, itinerario, código de escala y número de vuelo. La etiqueta es el documento de identidad del mismo; es adjuntada al cupón de vuelo.
- **Franquicia de equipaje:** el precio del billete incluye el transporte gratuito del equipaje hasta un peso y con dimensiones específicas, dependiendo de la clase de reserva y destino.
- **Exceso de equipaje:** este está limitado en peso según cada compañía. En el caso de que este peso sea sobrepasado, debe abonarse aparte, siempre que la compañía lo autorice.

A raíz de los atentados del 11-S, y con el fin de protegerse ante acciones terroristas, la Unión Europea ha acordado unas medidas de seguridad que limitan la cantidad de líquidos o sustancias de consistencia parecida que los pasajeros pueden llevar cuando pasan por los controles de seguridad de los diferentes aeropuertos de la UE. Sin embargo, los pasajeros sí pueden adquirir estos líquidos en las *duty free shop* del aeropuerto, o bien en el propio avión.

Esta limitación de líquidos en las maletas de cabina cambió en enero de 2024 gracias a la implantación de escáneres 3D (EDSCB) de alta tecnología que mejoran la visión del contenido de las maletas de cabina y bolsos de mano, además de permitir la detección automática de explosivos en los equipajes de mano.

Esta tecnología ha sido probada en los aeropuertos de Atlanta o Chicago y se irán implantando en el resto de los aeropuertos de todo el mundo desde finales del año 2023.

AENA comenzó su implantación a comienzos del año 2024 en los aeropuertos de Josep Tarradellas Barcelona-El Prat y Adolfo Suárez Madrid-Barajas.

 Definición

Duty free shop
La traducción literal es tienda libre de impuestos. Son establecimientos situados en las zonas extra aduaneras de los aeropuertos, puertos o medios de transporte internacional, que no están sometidos a los impuestos del país.

Los líquidos permitidos en el equipaje de mano son:

- Líquidos en envases individuales cuya capacidad no exceda de 100 ml. Deben estar contenidos en una bolsa que posea un sistema de apertura/cierre, transparente y con una medida aproximada de 20 x 20 cm (agua, jarabes, cremas, lociones, aceites, perfumes, gel, desodorante, aerosoles, etc.)

- Líquidos necesarios durante el viaje como medicamentos o dietas especiales (comida de bebé).
- Líquidos comprados en las tiendas del aeropuerto siempre que estén situadas después de los controles de seguridad (bebidas, perfumes, etc.).
- Los líquidos adquiridos en el propio avión.

Con respecto a los artículos prohibidos para el pasajero y su equipaje de mano, no se pueden introducir en la Zona Restringida de Seguridad ni en la cabina de un avión objetos que puedan ser un riesgo para la salud de las personas y la tripulación, o para la seguridad del avión. Algunos de ellos son:

- Armas de fuego reales o de imitación o partes de las mismas, como pistolas, escopetas, rifles, etc.
- Otro tipo de armas como pistolas de aire comprimido, de bolas, ballestas, hondas, tirachinas, arpones y fusiles de pesca, encendedores con forma de arma de fuego, etc.
- Objetos punzantes o con filo, como hachas, flechas y dardos, patines de hielo, cuchillos cuya hoja sea superior a 6 cm, machetes, bastones de esquí y senderismo, etc.
- Herramientas que puedan ser utilizadas como armas punzantes o cortantes, como taladros, brocas, sierras, destornilladores, martillos, etc.
- Instrumentos contundentes como bates de béisbol, palos de golf, cañas de pescar, etc.
- Sustancias químicas y tóxicas, como sustancias corrosivas o blanqueadoras (mercurio, cloro, etc.), venenos, etc.
- Sustancias explosivas e inflamables como municiones, detonadores, granadas de todo tipo, fuegos de artificio, bengalas de todo tipo, aguarrás y disolventes de pintura.

Ácidos   Venenos /   Líquidos   Explosivos   Blanqueantes
             Tóxicos   inflamables

Aerosoles /   Gases   Gas   Sustancias   Cerillas,
Gas pimienta inflamables   comprimido   infecciosas   encendedores
                                                       y recargas para
                                                       encendedor

Las mercancías peligrosas no se pueden llevar ni en el equipaje de mano ni en la bodega

En barco

También hay que tener en cuenta el **equipaje en el transporte marítimo.** El Convenio de Atenas, relativo al transporte de pasajeros y sus equipajes por mar (1974), en su artículo 1 -1.5 y 1.6-, define equipaje como cualquier artículo o vehículo transportado por el transportista en virtud de un contrato de transporte. En este término no se incluyen:

a. Los artículos y vehículos transportados en virtud de una carta de fletamento, un conocimiento de embarque o cualquier otro contrato cuyo objeto primordial sea el transporte de mercancías.
b. Animales vivos.

Por equipaje de camarote se entiende el que el pasajero lleva en su camarote o que de alguna forma se encuentra en su posesión o bajo su vigilancia; asimismo incluye el que el pasajero lleva en el interior de su vehículo o sobre este.

En bus

Con respecto al **equipaje que se lleva en un traslado en autocar,** se diferencia entre el que viaja en la bodega del vehículo y el que el pasajero lleva consigo. En algunas ocasiones estos autobuses llevan enganchado un remolque cuya masa máxima autorizada no puede exceder, por norma general, de 750 kg. En algunos casos esta masa puede exceder dicho peso.

En tren

Los trenes de cercanías no admiten facturación de equipaje. Sin embargo, todo pasajero provisto de billete podrá llevar consigo hasta tres bultos de mano con un peso máximo de 20 kg y cuyas dimensiones no excedan (largo + ancho + alto) de 250 cm entre los tres bultos.

6.5. Cambio de huso horario

El cambio horario existente entre los distintos países viene dado por un convenio internacional para establecer una hora mundial, independientemente de la situación en que se encuentre una persona en el globo terráqueo. A continuación, se verán distintos conceptos.

El sistema horario

La Tierra está dividida en 24 zonas imaginarias, denominadas husos horarios, que constituyen el sistema horario de todos los países. Cada huso horario está delimitado por dos meridianos, que están desplazados 15° respectivamente, lo que equivale en tiempo a una hora. Todos los puntos localizados en el mismo huso horario tienen la misma hora, pero los husos horarios situados al este reciben la luz solar antes, con lo cual tienen una hora de adelanto con respecto a los situados al oeste. La hora oficial de referencia es la correspondiente al meridiano de *Greenwich*, o meridiano 0; por el contrario, la línea de cambio de fecha se encuentra en el meridiano 180°.

 Nota

___

El meridiano de Greenwich se adoptó como referencia en una conferencia internacional celebrada en 1884 en Washington.

___

Hora oficial

La mayoría de los países han aceptado la hora oficial determinada por los husos horarios, o sea, tomando como referencia la hora de *Greenwich*. Las líneas que marcan la hora oficial de cada país no tienen por qué coincidir con los meridianos, ya que si la mayor parte de su territorio se encuentra comprendido dentro de un huso horario, se toma como hora oficial aquella que coincide con ese huso horario y no la correspondiente a la línea recta del huso. Algunos países, debido a su gran extensión, tienen diferentes husos horarios, por tanto no tienen una hora unificada para todo su territorio; este es el caso de EE. UU., tal y como se aprecia en la siguiente imagen.

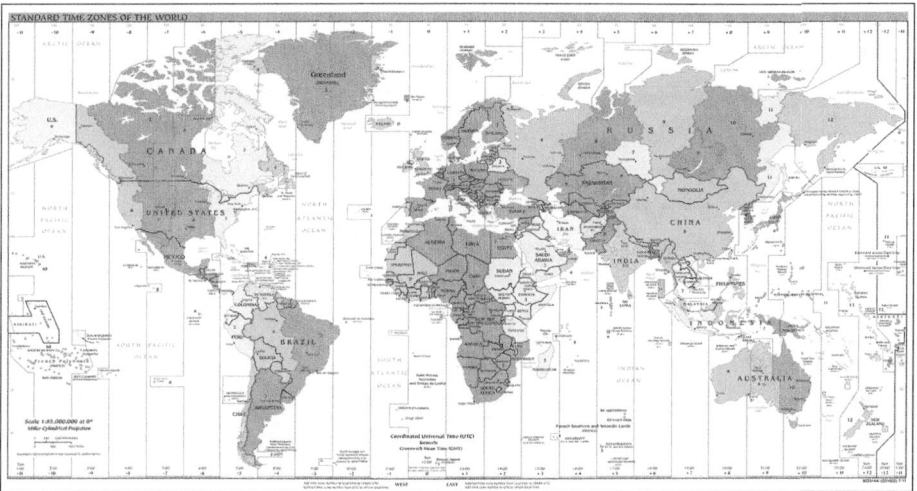

Husos horarios de la Tierra

Línea de cambio de fecha

Es una línea imaginaria opuesta al meridiano 0° de *Greenwich*, de tal modo que cuando se cruza dicha línea de este a oeste, la fecha debe adelantarse un día (se pierde un día de calendario). Por el contrario, cuando se cruza la línea de cambio de fecha de oeste a este, la fecha debe atrasarse un día y habrá dos días con la misma fecha (se gana un día de calendario).

Recuerde

El *jet lag* o síndrome de los husos horarios es una perturbación entre el reloj interno de una persona, es decir, el que marca los periodos de sueño y vigilia, y el nuevo horario del destino, como consecuencia de atravesar en poco tiempo varias zonas horarias. Se caracteriza por fatiga generalizada, irritabilidad, dolor de cabeza, etc.

6.6. Divisas

Divisa es toda moneda que se usa en un país diferente a su lugar de origen. Las divisas varían diariamente dentro del mercado monetario mundial como consecuencia del crecimiento económico, la inflación o el consumo interno de una nación.

Por otra parte, existe el término moneda, que es el metal o papel moneda utilizado para obtener bienes, productos o servicios.

Existen monedas de referencia, es decir, monedas que por su importancia dentro del orden mundial todos los países admiten a la hora de una transacción internacional. Estas denotan la importancia del país de procedencia y su estabilidad. Ejemplos de estas divisas son el dólar americano, el euro, etc.

Actividades

3. Enumerar cinco divisas extranjeras y calcular el valor de 1 € con respecto a ellas.
4. Averiguar quién fue el creador de los husos horarios, y cuál fue su origen.

7. Itinerarios

La Real Academia Española (RAE) define la palabra itinerario como: "dirección y descripción de un camino con expresión de los lugares, accidentes, paradas, etc., que existen a lo largo de él".

Antes de planificar un viaje es necesario conocer los objetivos y una serie de datos relacionados con el mismo, como son: la ciudad a la que se va a viajar, las fechas de llegada y partida, la clase y situación del hotel en el que el viajero se desea alojar, el nivel de tranquilidad o intensidad del viaje, etc.

Es aconsejable recoger información turística de la zona a través de guías turísticas o rutas que se pueden encontrar en internet. Una vez que se disponga de esa información, hay que organizarla y decidir qué hacer cada día del viaje, qué visitas realizar, en el orden adecuado y con la información necesaria para ir de un sitio a otro. Hay que tener en cuenta que es preciso reservar no solo el hotel, sino también la entrada a algunos monumentos, restaurantes o teatros.

Una buena planificación es una garantía de que las cosas salgan como se previeron con anterioridad.

 Aplicación práctica

La familia García Ruiz, compuesta por los padres y dos hijos de 12 y 15 años, está organizando las próximas vacaciones. El destino elegido es Phuket, en Tailandia, y hacen una reserva a través de internet para diez días en el mes de julio. Lo tienen todo planificado y han hecho una lista de comprobación para saber si olvidan algo. Complemente la lista realizada por la familia García.

I Fecha: del 9 al 19/07/20XX.
I Edades: 42, 41, 15 y 12 años.
I Tipo habitación: familiar.
I Ropa y calzado adecuados para el viaje.
I Comprobar que el horario de los vuelos no haya variado.

Continúa en página siguiente >>

<< Viene de página anterior

I **Pasaporte:** han tenido en cuenta que el pasaporte tenga más de seis meses de vigencia de la fecha de entrada al país.

I **Visado.**

I **Vacunas.**

I **Divisas.**

I **Climatología.**

I **Tarjetas de crédito/débito.**

SOLUCIÓN

Esta lista se puede ampliar mediante:

I Inscripción en el Registro de Viajeros. Si lo hacen, va a ser más fácil que el Ministerio de Asuntos Exteriores, Unión Europea y Cooperación les localice, les asista y, si es preciso, les ponga en contacto con sus familiares en caso de emergencia (desastre natural, atentado terrorista o conflicto armado).

I Conocer el teléfono y dirección de la Embajada y Consulado español.

I Libro de familia. Lo han olvidado y en caso de viajar con menores es aconsejable.

I Llevar crema repelente de insectos.

---

8. Medios de transporte

Según el viaje que vaya a realizar, el turista elige un medio u otro de transporte, ya sea terrestre, marítimo o aéreo:

■ **Transporte marítimo, los cruceros.** Los cruceros son viajes realizados en barcos de pasajeros a cualquier parte del mundo como viaje de placer. Se trata de una forma de turismo única, diferente y especial de conocer países. Los cruceros se pueden clasificar en dos grandes grupos:

  I **Cruceros marítimos y cruceros fluviales.** Dentro de los marítimos hay que distinguir entre barcos pequeños (hasta 15.000 TM), medianos (hasta 30.000 TM), grandes (hasta 80.000 TM) y los mega barcos, que llegan a tener hasta más de 130.000 toneladas. El tamaño del barco no implica su calidad.

- **Transporte terrestre, los vehículos y trenes.** Es sin duda el transporte más económico y utilizado, y es ideal para recorridos cortos. Son numerosos los traslados que se producen diariamente tanto en una ciudad como entre diferentes países, ya sea mediante autocares, camiones, metro, ferrocarril o automóviles. También suman miles las toneladas de carga que se trasladan a diario entre los distintos mercados.
- **Transporte aéreo.** El avión es el medio de transporte más rápido y, por lo general, el más caro. Es utilizado para el transporte de pasajeros y mercancías de pequeñas dimensiones, pero con un alto valor, o bien por agencias de transporte. Asimismo, es necesario para comunicar áreas aisladas, así como para transportar productos de corta vida.

9. Métodos para el alquiler de vehículos. Normativa al respecto

Las empresas dedicadas al alquiler de **vehículos con conductor** necesitan una autorización para llevar a cabo dicha actividad, siempre y cuando los vehículos no tengan una capacidad superior a nueve plazas, incluida la del conductor. Lo usual es el alquiler de **vehículos sin conductor,** donde la única exigencia generalizada es tener el permiso de conducir y una edad mínima de 21 años, y si se tiene entre 21 y 24 años es posible que cobren un recargo.

En primer lugar, hay que tener claro las características del vehículo y su uso: modelo, equipamiento, número de plazas, kilómetros que se van a realizar con el vehículo, número de días que se va a necesitar, lugar de recogida y entrega del coche de alquiler, etc.

Estos puntos determinarán el precio y condiciones de contratación del coche de alquiler, al que habrá que unir un seguro adicional o franquicia. Algunos de los seguros opcionales existentes son: colisión y robo, responsabilidad de daños personales, daños estéticos y lunas, seguro a todo riesgo, etc.

Por último, hay que responder a la pregunta: ¿dónde contratar un vehículo de alquiler? Se puede hacer a través de la agencia de viajes, en empresas independientes y especializadas en alquiler de vehículos y también *online.*

La normativa que regula este tipo de alquiler es la siguiente:

- La Ley 16/1987, de 30 de julio, aprueba la Ley de Ordenación de los Transportes Terrestres. Esta ley establece el marco general de regulación de la actividad de arrendamiento de vehículos.
- El Real Decreto 1211/1990, de 28 de septiembre, por el que se aprueba el Reglamento de la Ley de Ordenación de los Transportes Terrestres, en materia de vehículos sin conductor.
- La Orden FOM/3203/2011, de 18 de noviembre, que regula el arrendamiento de vehículos con conductor.

Muchas empresas de alquiler de coches se localizan en estaciones de tren, autobús, puertos y aeropuertos.

 ## Nota

Según la Orden FOM/3203/2011, la empresa de alquiler debe tener cubierta, mediante uno o varios seguros, su responsabilidad civil por los daños que pudieran sufrir los viajeros como consecuencia del transporte, hasta, al menos, la cantidad de 50 millones de euros.

 ## Actividades

5. Crear un itinerario de su ciudad o localidad con una duración de un día.
6. Consultar diferentes páginas web de empresas de alquiler de automóviles y realizar un comentario crítico de la información que se recopile.

10. Visitas turísticas

Una vez que el viajero se ha trasladado a un destino concreto, ha dejado el equipaje en el hotel y dispone de tiempo libre para visitar la ciudad, la montaña o el lugar del que se trate, es aconsejable buscar un punto de información turística, que en España se denomina "Oficina de Información Turística". Suelen proporcionar materiales informativos gratuitos como mapas, planos y folletos, postales, souvenirs, videos, listados de empresas registradas y otros materiales de interés.

La oficina de turismo suele ubicarse en puntos de concentración de visitantes como aeropuertos, puertos o la plaza mayor o plaza principal de la ciudad. Informan de su historia, qué hacer, qué visitar, fiestas y eventos, horarios de monumentos y museos, guías turísticas y organización de visitas y datos prácticos.

Oficina de Turismo de Fuengirola

11. Información cultural y genérica

Conocer la historia de un pueblo, su geografía, el clima, su economía, la información cultural y genérica sobre un destino y sus gentes es fundamental para entender todo lo que acontece en el mismo.

Es muy importante familiarizarse lo máximo posible con el país que se va a visitar, tratar de informarse sobre los aspectos culturales y costumbres más características del país. Las embajadas y consulados de cada uno de los países dan todo tipo de información sobre los aspectos culturales más sobresalientes de cada uno de ellos. Asimismo, hay que contar con datos prácticos, como clima, diferencia horaria, cambio de moneda, electricidad, ropa que llevar, documentación necesaria para conducir, etc.

 Nota

Para conectar cualquier aparato eléctrico es necesario saber qué características, voltaje y forma tienen la electricidad y enchufes del país de destino.

 Aplicación práctica

Imagine que está trabajando en una agencia de viajes y un cliente español quiere visitar Gibraltar, pero desconoce la documentación necesaria, así que le pide que le asesore. ¿Qué le diría?

SOLUCIÓN

El documento necesario para poder entrar en Gibraltar es el DNI o el pasaporte. En el caso de ir acompañado de menores, tiene que presentar el Libro de Familia en el caso que viaje con menores de 14 años.

12. Resumen

Una vez que se ha fijado el destino, el itinerario y el medio de transporte necesario para viajar, hay que hacer una lista de comprobación con toda la documentación necesaria para el lugar elegido; si es necesario un visado de entrada, pasaporte o es suficiente con el DNI; si se requiere certificado de vacunación; o si el país a visitar tiene una divisa diferente.

Antes de la partida se debe confirmar la reserva del vuelo, en caso de que se viaje en avión, así como la reserva del hotel; o si se trata de un viaje de negocios, se debe revisar la agenda de trabajo y asegurarse de que las personas con las que se quedó asistirán a dicha cita.

Existen diferentes tipos de visado, según sea el motivo por el que una persona accede a un país extranjero. De este modo se puede hablar de visa de tránsito, de turista, de trabajo, de estudiante, diplomática, etc.; cada una de ellas con una validez diferente. Del mismo modo hay diversos modelos de pasaporte, tales como el pasaporte ordinario, diplomático, etc., y al igual que sucede con los visados, la validez de cada uno de ellos varía. Si un ciudadano español visita un país de la eurozona, le bastará con el DNI.

Por su parte, el Gobierno de España, a través del Ministerio de Asuntos Exteriores, Unión Europea y Cooperación y el de Sanidad, hace una serie de recomendaciones a seguir por parte de ciudadanos españoles que viajan a países extranjeros, especialmente los que están en vía de desarrollo.

Existen diferentes modos de llegar al destino (tren, barco, avión, etc.), pero una vez en este puede resultar muy útil la opción de alquilar un coche; este es un modo muy eficaz para conocer el lugar a visitar a través de su geografía, sus gentes, su cultura y folclore.

Ejercicios de repaso y autoevaluación

1. **De las siguientes frases, indique cuál es verdadera o falsa.**

    a. El presupuesto de un viaje es la cantidad de dinero calculado para hacer frente a los gastos generales del mismo.

        ☐ Verdadero
        ☐ Falso

    b. No es necesario llevar un certificado de vacunación en todos los viajes.

        ☐ Verdadero
        ☐ Falso

    c. La propina es una obligada expresión de agradecimiento por un buen servicio.

        ☐ Verdadero
        ☐ Falso

2. **Relacione los siguientes conceptos:**

Visa de tránsito	Es exigida por algunos países a sus ciudadanos cuando desean viajar al extranjero.
Visa de turista	Destinada a una persona que hace escala en un país para luego ir a otro.
Visa de salida	Su destinatario es una persona matriculada en un centro educativo del país de destino.
Visa de estudiante	Destinada a personas que deseen visitar un país con el propósito de conocerlo.

3. Relacione la validez de cada tipo de pasaporte:

Pasaporte ordinario	Su validez queda limitada al tiempo que se esté adscrito al servicio.
Pasaporte diplomático	Tiene una validez de tres años, ampliable a cinco.
Pasaporte de servicio	Tiene una validez improrrogable de 10 años, si el titular es mayor de 30 años.

4. Busque en la siguiente sopa de letras nueve términos relacionados con la organización del viaje.

A	O	R	G	L	E	F	B	S	V
V	V	E	Q	U	I	P	A	J	E
U	I	A	C	O	N	S	U	L	H
M	T	S	B	S	J	E	T	Ñ	C
O	E	J	A	I	V	Y	E	A	I
P	J	A	C	D	I	V	I	S	A
U	B	M	N	A	O	N	U	E	L
N	O	I	C	A	N	U	C	A	V

5. Cuando se cruza la línea de cambio de fecha de este a oeste, ¿debe adelantarse la fecha o atrasarse un día? Razone la respuesta.

_____

_____

6. Complete la siguiente definición:

El itinerario es la _____ y _____ de un camino con expresión de los _____, accidentes, paradas, etc., que _____ a lo largo de él.

7. Complete la siguiente tabla, con una "X", según sea verdadera o falsa la siguiente frase :

El Gobierno de España, a través de diversos Ministerios, aconseja en los viajes a países en desarrollo...

	VERDADERO	FALSO
... disfrutar del paisaje y bañarse tranquilamente en lagos.		
... evitar el hielo, a no ser que esté hecho con agua segura.		
... no vacunarse de nada, pues se goza de una extraordinaria salud.		
... respetar las costumbres y legislación del lugar a visitar.		
..., en caso de detención, solicitar de inmediato a las autoridades locales que se comunique dicha circunstancia al Consulado español.		
... que si se trata de estancias prolongadas, registrarse como residente en la Oficina Consular.		

8. ¿A qué edad es obligatorio tener el DNI?

    a. No es obligatorio, solo es aconsejable si se viaja.
    b. Catorce.
    c. Dieciocho.
    d. Quince.

9. ¿Cuáles son los grandes logros del DNI electrónico?

_____

_____

_____

_____

10. ¿Qué factores se han de tener en cuenta para recomendar una vacuna en el caso de viajar a un país? Señale si es verdadero o falso.

  a. Riesgo de exposición a la enfermedad.

     ☐ Verdadero
     ☐ Falso

  b. Edad, estado de salud e historia de vacunación.

     ☐ Verdadero
     ☐ Falso

  c. El clima.

     ☐ Verdadero
     ☐ Falso

  d. Riesgo de infectar a otros.

     ☐ Verdadero
     ☐ Falso

11. ¿Cuáles son las principales funciones de una Aduana?

_____

_____

_____

_____

12. ¿En qué consiste el síndrome de los husos horarios?

_____
_____
_____
_____

13. Un adolescente de 14 años acompañado de sus padres viaja a un país extracomunitario. ¿Qué documentación necesita para poder cruzar la frontera? Señale la respuesta correcta.

    a. El permiso especial para menores: el Libro de Familia.
    b. Necesita el DNI.
    c. El visado.
    d. Necesita el DNI, el visado y es recomendable el Libro de Familia.

14. ¿Dónde se tramita el DNI? Señale la respuesta correcta.

    a. En el Ministerio de Asuntos Exteriores, Unión Europea y Cooperación.
    b. En la Policía Local.
    c. En la Jefatura Provincial de Tráfico.
    d. En la Comisaría de la Policía Nacional.

15. Busque en la siguiente sopa de letras nueve artículos prohibidos en la cabina de un avión.

M	P	I	S	T	O	L	A	A	S
A	A	C	O	R	B	O	R	I	I
H	A	G	U	A	R	R	A	S	E
C	R	A	L	O	L	H	U	I	R
E	P	S	L	A	A	O	Y	C	R
L	O	C	R	C	I	N	T	S	A
F	N	T	H	I	N	D	A	S	J
O	S	A	E	R	A	A	M	O	P

Capítulo 3
Planificación del viaje

Contenido

1. Introducción

Dentro de la planificación del viaje se van a desarrollar una serie de puntos importantes, como son: las reservas de billetes dentro de los distintos medios de transporte, sus horarios, los tipos de alojamientos existentes en el mercado y su clasificación. Se hará un recorrido por los diferentes medios de pago y de cobro empleados usualmente en los viajes y en las transacciones internacionales, conociendo la importancia de las divisas, así como la función de los intérpretes o guías dentro del mundo del turismo. Se detallarán los servicios especiales que pueden ofrecer los distintos establecimientos, explicando lo que son unas jornadas de trabajo y su preparación. Asimismo, se verá la importancia de la oficina móvil y la agenda de reuniones, donde se detallan las variables que se deben conocer para una correcta planificación del evento.

En definitiva, a lo largo de este capítulo se van a estudiar las herramientas necesarias para una buena planificación, con la ayuda de una agenda donde explicitar todo lo referente a una jornada de trabajo y a los eventos varios posibles.

2. Medios de locomoción

Los medios de transporte son necesarios para permitir el desplazamiento entre unas zonas geográficas y otras. A pesar de que históricamente el turismo organizado cuando nace utiliza como medios preferentes de transporte el ferrocarril y el barco, su verdadera expansión se lleva a cabo con el avión y el coche.

La elección de transporte dependerá de la distancia, presupuesto, duración del viaje, conveniencia, comodidad, etc. Muchas veces hay que utilizar una combinación de diferentes medios de transporte.

Avión

En la actualidad se está asistiendo a una liberalización del transporte aéreo, lo que ha supuesto la desaparición de los monopolios sobre espacios aéreos. Este proceso tiene consecuencias sobre el turismo, una mayor competencia que se ve reflejada en precios, tarifas y condiciones, lo que lleva a algunas compañías a situaciones límite. El avión es uno de los medios de transporte más utilizados, sobre todo en desplazamientos de media y larga distancia.

 Nota

Las primeras compañías de vuelos chárter comenzaron a aparecer en la década de los setenta.

En general, si las fechas del viaje no son flexibles, es aconsejable comprar el billete de avión con suficiente anticipación para evitar sorpresas en el precio o de disponibilidad. No solo hay que buscar el más económico, sino que también hay que ver el que mejor se adapte a las necesidades del cliente y no le haga perder tiempo entre conexiones.

Ferrocarril

El ferrocarril, que parecía el gran perdedor en la competencia por el transporte turístico, ha retomado un papel importante debido a:

- Los inconvenientes derivados de la congestión de los aeropuertos.
- La aparición de las líneas de alta velocidad. Sobre todo, para trayectos entre quinientos y setecientos kilómetros, en los que la alta velocidad está ganando la partida al avión.

El tren es uno de los medios de transporte más económicos para viajar por Europa. Ofrece un gran número de descuentos: para gente joven o mayor. Por otra parte, el tren da la oportunidad de conocer las costumbres y personas del lugar que se visita.

Transporte terrestre

El coche es un medio de transporte fundamental en el despegue de la actividad turística en el mundo, pues facilita el traslado de los individuos debido a su alto grado de flexibilidad e independencia de los transportes públicos. Asimismo, resulta muy económico si lo utiliza la unidad familiar o un grupo de amigos. Por otra parte, tiene limitaciones, como son su radio de acción (cobertura que tiene este tipo de transporte), su relativa incomodidad y el alto grado de siniestralidad.

 Nota

En España, el número de víctimas mortales en carretera en 2022 fue de 1.145 personas debido a los 1.042 siniestros mortales.

Mención especial merece el transporte público, base de la oferta de circuitos turísticos. Con su regulación se ha mejorado su seguridad. Su mayor ventaja comparativa es el precio.

De gran importancia son las empresas de alquiler de vehículos o *"rent a car"*, con o sin conductor, muy significativas en lugares con pocos transportes públicos y grandes atractivos en distancias cortas.

Transporte marítimo

Este tipo de transporte, origen junto con el ferrocarril del turismo organizado, desde hace unos años ha vuelto a tener gran importancia por la construcción de grandes barcos vacacionales (turismo de cruceros), y la promoción de este tipo de vacaciones.

España es un país turístico que recibe millones de viajeros extranjeros todos los años, atraídos por sus playas, su patrimonio cultural y artístico, su gastronomía, etc. Al tratarse de turistas procedentes de países foráneos, el medio de transporte más utilizado por ellos es el avión, de ahí que ocho de cada diez viajeros realicen su entrada al país a través de aeropuertos. Le sigue, con un 18% del total, las entradas realizadas a través de carretera. En una posición muy secundaria se encuentran las entradas a través de ferrocarril y puertos. En el siguiente gráfico se ve reflejada esta información:

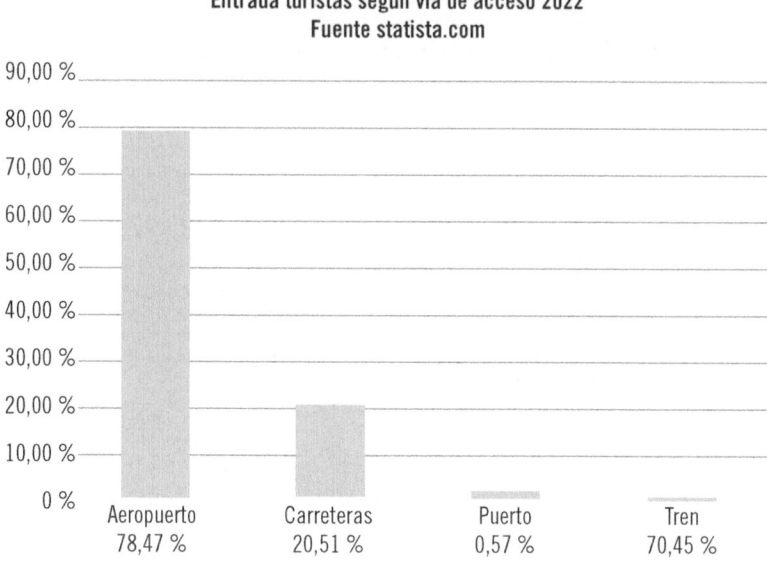

3. Horarios

Por lo general, los diferentes medios de transporte tienen en su página web los horarios de salida y llegada a su destino. Es primordial realizar un buen estudio de los mismos con el fin de evitar pérdidas de tiempo, así como poder perder enlaces con otros medios de transporte.

La importancia de los horarios, tanto en los medios de transporte como en la planificación de los viajes, es fundamental para el buen desarrollo de los mismos. Al viajar, los enlaces entre distintos medios de transporte para llegar a un determinado destino se hacen teniendo muy claro los horarios existentes, su interconexión y la viabilidad de los mismos. Cuando un destino requiere coger el avión, luego el tren y después un servicio público (autobús, taxi o metro) para llegar, por ejemplo a un hotel de Londres, hace falta sincronizar los horarios existentes de los distintos medios de transporte para optimizar el viaje, dejando un margen prudencial entre los mismos para prevenir los retrasos y no perder el enlace. Hay que tener en cuenta que los servicios públicos de transporte tienen limitado su funcionamiento por la noche y los fines de semana. Es preferible viajar de noche en avión o en tren, de manera que cuando se llega al destino final sea por la mañana y poder disponer de todo tipo de medios para la locomoción.

Hay que hacer hincapié en dejar un tiempo prudencial entre los distintos horarios de los medios de transporte a utilizar, pudiéndose aprovechar para realizar compras, el almuerzo, etc., consiguiendo un intervalo moderado para el próximo enlace, que prevenga un posible retraso, haciendo el viaje más ameno. De este modo se optimiza el tiempo para una planificación correcta.

Un retraso considerable en alguno de los horarios de los distintos medios de transporte puede trastocar el propio viaje y su organización, debiendo en estos casos formular la correspondiente reclamación, pidiendo responsabilidades a la empresa en cuestión. Es conveniente conocer de antemano los derechos y deberes del viajero.

La interconexión de los horarios de los distintos medios de transporte es primordial en la optimización de la planificación de los viajes.

Actividades

---

1. Señalar qué es un billete electrónico. Enumerar cinco ventajas de este tipo de billetes para el usuario.
2. Enumerar cinco ventajas de este tipo de billetes para la compañía aérea.

---

4. Reservas de transporte

Al realizar la reserva de un billete para cualquier medio de transporte, el pasajero se garantiza la plaza de viaje, ya se trate de transporte aéreo, ferrocarril, coche de alquiler, etc. Las reservas de transporte se pueden obtener a través de internet, telefónicamente o personándose directamente en las oficinas correspondientes, o a través de las agencias de viajes. Las ventajas de la reserva, además de garantizar la plaza, son: conocer de antemano el precio, descuentos por reservas anticipadas, poder comparar con otras compañías, etc.

4.1. Billetes

En la actualidad, los billetes que utilizan las compañías aéreas son electrónicos, de este modo el billete tradicional de papel desaparece. El billete electrónico es registrado directamente por la aerolínea de modo seguro sin tener que generar ningún tipo de documento ni billete de papel. Es identificado por un código localizador creado por el sistema de reserva, que a su vez es reflejado en el mensaje de confirmación que la compañía envía al cliente.

La diferencia entre ambos formatos de billete radica en que el electrónico queda registrado directamente por la aerolínea de modo seguro mediante la clave (código localizador). Este formato de billete también es utilizado para transporte por ferrocarril.

Las ventajas del billete electrónico con respecto al tradicional son:

- La comodidad, pues no hace falta recibirlo físicamente en un domicilio, y el ahorro de tiempo.
- No tiene riesgo de pérdida.
- No se utiliza papel, con lo cual no se daña el medio ambiente.
- Es un servicio gratuito y no supone un gasto adicional con respecto al billete de papel que suele tener un recargo si se imprime en las terminales del aeropuerto.

El uso del billete electrónico se ha impuesto al billete de papel.

4.2. Justificantes

Con el billete electrónico no hace falta entregar ningún documento justificante (billete de papel). El usuario solo tiene que mostrar el código localizador, e identificarse para obtener la tarjeta de embarque en el mostrador de la aerolínea el día del viaje, o de la estación de ferrocarril.

5. Alojamientos y tipos de pensión

Los alojamientos turísticos se clasifican en: establecimientos hoteleros, apartamentos turísticos, inmuebles de uso turístico en régimen de aprovechamiento por turno, campamentos de turismo o camping, casas rurales y balnearios.

 **Definición**

Alojamiento turístico
Toda instalación que regularmente (u ocasionalmente) ofrece plazas para que el turista pueda pasar la noche.

5.1. Establecimientos hoteleros

Los establecimientos hoteleros son los dedicados a ofrecer alojamiento a personas, mediante precio, de forma habitual y profesional, con o sin otros servicios complementarios.

Hoteles

Establecimientos destinados a la prestación del servicio de alojamiento turístico. Ocupan la totalidad o zona independiente de un edificio, con entradas, ascensores y escaleras de uso exclusivo.

Se clasifican en las categorías de cinco, cuatro, tres, dos y una estrella. El calificativo "Gran Lujo" solo podrá ser usado por los hoteles clasificados en la categoría de cinco estrellas y declarados con tal carácter por la Consejería de Turismo de cada comunidad autónoma, cuando reúnan condiciones excepcionales en sus instalaciones, equipamientos y servicios.

Según su ubicación, estos se clasifican en las modalidades de playa, ciudad, rural y carretera.

Cada establecimiento debe exhibir obligatoriamente en su entrada principal una placa identificativa en la que figure el grupo, la categoría y la modalidad.

Mención especial merece la Red de Paradores de España. Son establecimientos singulares situados en parajes naturales o históricos de gran belleza, que programan numerosas actividades de ocio durante todo el año. Muchos de ellos son antiguos castillos, palacios y monasterios, con las comodidades del siglo XXI. Al igual que el resto de los hoteles, se clasifican por estrellas.

 Nota

El 9 de octubre de 1928 fue inaugurado por el Marqués de la Vega Inclán el que se convertiría en el primer establecimiento de la posterior red de Paradores de España, el Parador de Gredos.

Hoteles-apartamentos

Son aquellos establecimientos que, reuniendo los requisitos exigidos a los hoteles, cuentan, además, con las instalaciones adecuadas para la conservación, elaboración y consumo de alimentos y bebidas dentro de cada unidad de alojamiento, es decir, en cada habitación.

Se clasifican en las categorías de cinco, cuatro, tres, dos y una estrella.

Hostales

Son establecimientos de alojamiento que no alcanzan los niveles exigidos a los hoteles, ya sea por su dimensión, estructura, etc., o las características de los servicios ofrecidos.

Se clasifican en las categorías de dos y una estrella.

Pensiones

Establecimientos de alojamiento que, por su dimensión, estructura, etc., o las características de los servicios ofrecidos, no alcanzan los niveles exigidos a los hostales. Se clasifican en categoría única. Solo los hostales y las pensiones pueden ocupar partes no independientes de un edificio.

 Nota

Las estrellas que identifican los hoteles son doradas. Las que identifican un hostal suelen ser plateadas. Lo mismo sucede con las pensiones.

5.2. Otros alojamientos

A continuación, se detallan otro tipo de alojamientos como apartamentos turísticos, inmuebles de uso turístico en régimen de aprovechamiento por turno, camping o campamentos, casas rurales y balnearios.

Apartamentos turísticos

Los apartamentos turísticos son aquellos establecimientos destinados a prestar el servicio de alojamiento cumpliendo unos requisitos:

- Estar formados por un conjunto de unidades de alojamiento que son comercializadas en común por un mismo titular.
- Pueden ser apartamentos, villas, chalés, bungalós o inmuebles parecidos.
- Deben estar preparados para su inmediata ocupación y contar con el mobiliario y las instalaciones adecuadas para la conservación, elaboración y consumo de alimentos y bebidas dentro de cada unidad de alojamiento.

Inmuebles de uso turístico en régimen de aprovechamiento por turno

Esta modalidad de alojamiento consiste en el derecho a utilizar un determinado inmueble (apartamento, piso etc.) de uso turístico durante un periodo concreto de cada año, mediante el pago de una cantidad que se abona a la firma del contrato.

Campamentos de turismo o camping

Establecimientos turísticos que, ocupando un espacio de terreno debidamente delimitado, dotado y acondicionado, se destinan a facilitar a los usuarios turísticos un lugar adecuado para hacer vida al aire libre, durante un período de tiempo limitado, utilizando albergues móviles, tiendas de campaña u otros elementos análogos fácilmente transportables o desmontables.

 Nota

La mayor categoría que puede tener un establecimiento hotelero en España es la de 5 estrellas, "Gran Lujo", a pesar de que algunos establecimientos afirmen tener un mayor número de estrellas.

Casas rurales

Una casa rural es un establecimiento que presta servicio de alojamiento temporal en viviendas rurales, en régimen de habitaciones o de cesión de la vivienda entera. Las casas rurales ofrecen un trato familiar con los propietarios, un ambiente hogareño y una cocina casera. Se pueden alquilar casas completas o habitaciones individuales y resultan ideales para una escapada a la naturaleza.

Se clasifican según los niveles de confort y equipamiento. Existen diversos tipos de categorías según las comunidades autónomas.

Balnearios

Aquella instalación que dispone de aguas mineromedicinales declaradas de utilidad pública, servicio médico e instalaciones adecuadas para llevar a cabo los tratamientos que se prescriban.

Clasificación de los alojamientos turísticos

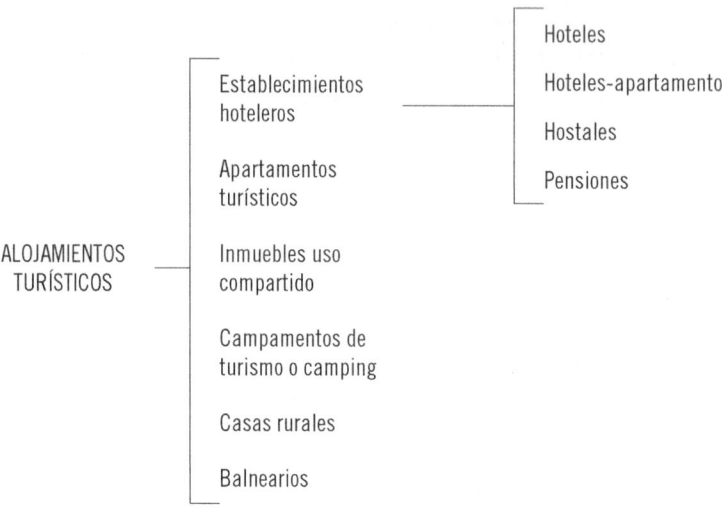

ALOJAMIENTOS TURÍSTICOS

- Establecimientos hoteleros
  - Hoteles
  - Hoteles-apartamento
  - Hostales
  - Pensiones
- Apartamentos turísticos
- Inmuebles uso compartido
- Campamentos de turismo o camping
- Casas rurales
- Balnearios

Recuerde

El suizo César Ritz (1850-1918) es el padre de la hotelería, ya que creó y dirigió los primeros hoteles de lujo. Fue el primer hotelero en equipar las habitaciones de los hoteles con cuarto de baño.

5.3. Tipo de pensión

Con respecto al régimen alimenticio o tipo de pensión que el cliente puede contratar durante su estancia en cualquier establecimiento turístico, se diferencian:

- Solo alojamiento.
- Alojamiento y desayuno.
- Media pensión: habitualmente la media pensión incluye el desayuno y la cena, aunque algunos establecimientos aceptan indistintamente desayuno más almuerzo o cena.
- Pensión completa: está incluido el desayuno más el almuerzo y la cena.
- Todo incluido: comprende todas las comidas principales, aperitivos *snacks* y bebidas no alcohólicas. En determinados establecimientos también se incluyen bebidas alcohólicas nacionales y marcas internacionales.
- Según programa: esta modalidad indica que los servicios/comidas incluidos en el precio son aquellos que aparecen citados de forma explícita en el folleto o programa de viaje.

En el caso del régimen de estancia de "alojamiento y desayuno", el hotel, hostal o similar incluirá dentro del precio pagado por el consumidor el alojamiento (la habitación) y el desayuno de cada uno de los viajeros los días que dure la estancia.

En la siguiente tabla, se reflejan las principales abreviaturas empleadas en el sector turístico para indicar el régimen alimenticio de una reserva:

Solo alojamiento	Alojamiento y Desayuno	Media pensión	Pensión completa	Todo incluido	Según programa
H HA SA **BED ONLY** **EP** (European Plan)	HD AD **B & B** (Bed and breakfast) **CP** (Continental Plan)	**MP** **DP** (Demi Pension) **HB** (Half Board) **HP** (Half Pension) **MAP** (Modified American Plan)	**PC** **FP** (Full Pension) **FB** (Full Board) **AP** (American Plan)	TI	SP

 **Definición**

Régimen alimenticio
Es el régimen de estancia en lo referente a los alimentos y bebidas que el usuario puede disfrutar dentro del servicio contratado.

5.4. Menús: genéricos y dietas especiales por motivos de salud o creencias religiosas

Los profesionales de la hostelería se enfrentan todos los días a la dificultad de satisfacer a los comensales que presentan necesidades alimentarias específicas, ya sea por razones sanitarias, culturales, religiosas o bien por un compromiso personal.

En la actualidad, debido al auge de comer fuera del hogar, los restaurantes son una herramienta básica para la difusión de un patrón alimentario saludable.

Existen varios tipos de menús atendiendo a las distintas necesidades; estos se describen a continuación.

Menús genéricos

Una dieta variada y equilibrada es el camino óptimo para mejorar la calidad de los menús que se ofrecen en los establecimientos de restauración. La mayoría de los restaurantes están especializados en determinados platos, que actúan de reclamo hacia el público.

Dentro de los menús genéricos se pueden diferenciar:

- **Menú del día o de la casa:** tipo de menú servido en los restaurantes donde se puede elegir entre diferentes platos dentro de una oferta limitada, con un precio fijo dentro de las diferentes opciones. Es considerado un menú económico.

- **Menú ejecutivo:** es una variante del menú del día y a un precio algo más caro. Es el menú pensado para los trabajadores de cierto poder adquisitivo, que se ven obligados a comer en restaurantes todos los días.
- **Menú degustación:** es el que permite degustar la variedad ofrecida. Puede presentar entre cinco y doce platos, a un precio mayor que el de una comida de tres platos.
- **Menú fijo:** se trata de un menú fijo que se vende a un precio fijo. Este concepto ha evolucionado hacia los "combos", que es lo habitual en los lugares de comida rápida. Ejemplos de menú fijo son el concertado y el cerrado:

  - **Menú concertado:** menú que ha sido pactado anteriormente por el cliente y el establecimiento. Es un tipo de menú muy usual en el servicio de grupos que realizan la reserva en el establecimiento con antelación.
  - **Menú cerrado:** tipo de menú que la empresa ofrece a sus clientes donde se marcan los platos a degustar sin opción a escoger entre ellos.

- **Menú gastronómico:** consiste en una amplia gama de platos de muy elaborada y exquisita confección, basada en la cocina de mercado con ingredientes de la zona.
- **Menú infantil:** es el dirigido a cubrir las necesidades calóricas de los menores.
- **Menú bufé:** es el término utilizado en restauración para definir un servicio donde los productos son expuestos en mesas calientes y frías, en el que los comensales son los que se sirven la cantidad de alimentos que desean comer, y todo a un precio fijo.
- **La carta:** es la máxima relación de platos agrupados en series homogéneas que ofrece un restaurante. En ella, cada plato tiene su precio de venta, y es el propio comensal el que, en base a sus preferencias, confecciona su propio menú. El número y variedad de los platos que la componen está en relación a la categoría del establecimiento. Las cartas se pueden clasificar:

  - Cartas de oferta parcial:

    - Postres.
    - Vinos.

▪ Cartas según actividad:

  ▪ Carta de platos.
  ▪ *Room service* o servicio de habitación.
  ▪ Bar.
  ▪ Cafetería.

Dietas especiales por salud o edad

Cualquier dieta especializada debe ser revisada por un nutricionista para asegurarse de que cumple todos los requerimientos. Esto es especialmente importante tratándose de niños. Existen distintos tipos de menús especiales:

■ Menús para niños.
■ Menús relacionados con las necesidades de salud del comensal: obesidad, diabetes, problemas digestivos, colesterol, etc.

La religión en los menús

Existen religiones que prohíben el consumo de determinados alimentos. En todas las religiones, los vegetales, las frutas y cereales son el fundamento de una dieta equilibrada. Como ejemplo se presenta la religión musulmana y la judía:

■ Para la **confesión islámica,** el Halal ofrece una garantía en las comidas para las personas que profesan el islamismo. El Corán prohíbe una serie de alimentos, algunos de ellos son:

  ▪ La carne del animal hallado muerto.
  ▪ La sangre.
  ▪ La carne de cerdo y jabalí y sus derivados.
  ▪ Aquellos animales sobre los que no se ha invocado el nombre de Dios en el momento de su sacrificio.
  ▪ Los animales carnívoros y carroñeros.
  ▪ Las aves con garras.

El Corán dicta que los animales deben ser degollados de un corte en el cuello y con la cabeza hacia La Meca, mientras la carne se consagra a Alá.

▎El alcohol, las bebidas alcohólicas, las sustancias nocivas o venenosas y las plantas o bebidas intoxicantes.

La Certificación de Garantía Halal, expedida por el Instituto Halal, es una herramienta para garantizar que los productos y servicios dirigidos a los musulmanes cumplen con los requisitos exigidos por la ley islámica.

■ Para la **confesión judía,** la comida aceptada para el consumo se llama *caser,* que significa comida adecuada. Algunos de los alimentos prohibidos para la comunidad judía son:

▎Cualquier tipo de animal invertebrado.

▎Animales como el camello, la llama, cerdo, jabalí, hipopótamo, caballo, conejo, perro, león, ballena y oso.

▎Huevos fecundados que tengan una mancha en la clara o algo de sangre.

▎Aves como el buitre, el cuervo, el halcón, la lechuza, el avestruz, la garza, la grulla, la gaviota, el vencejo, la cigüeña y el águila. Los huevos de estas especies también están prohibidos.

▎Peces que no tengan aletas y escamas, por ejemplo: rayas, anguila, etc.

▎Mariscos, moluscos, cefalópodos y demás invertebrados marinos.

▎Anfibios, reptiles e invertebrados.

Recuerde

Las características principales de la dieta mediterránea son un alto consumo de productos vegetales, pan y otros cereales, el aceite de oliva como grasa principal, el vinagre y el consumo regular de vino en cantidades moderadas. Es propia de los países mediterráneos.

6. Medios de cobro y pago

El tema del dinero es otro punto muy importante en toda organización de un viaje. Es aconsejable hacer un presupuesto realista para saber cuánto dinero se necesitará; según el tipo de viaje, se elaborará un presupuesto diario aproximado que se ha de multiplicar por el número de días del viaje, e incrementando la cantidad resultante con un cierto porcentaje para absorber subidas de precios e imprevistos.

Para el viaje se puede llevar dinero en efectivo, cheques de viaje, tarjeta de crédito o débito, o cualquier combinación de las anteriores.

6.1. Monedas y billetes: normativa vigente para la entrada y salida del país y cantidades

Según el Ministerio del Interior, los extranjeros que quieran entrar en España deberán acreditar que disponen de recursos económicos, en la cuantía que, con el carácter mínimo, se indica a continuación:

a. Para su sostenimiento, durante su estancia en España, la cantidad a acreditar deberá alcanzar una cantidad que represente en euros el 10 % del salario mínimo interprofesional bruto, o su equivalente legal en moneda extranjera multiplicada por el número de días que pretendan permanecer en España, y por el número de personas que viajen a su cargo. Dicha cantidad será, en todo caso, de un mínimo que represente el 90 % del salario mínimo interprofesional bruto vigente en cada momento, o su equivalente legal en moneda extranjera por persona, con independencia del tiempo de estancia previsto.
b. El tiempo de estancia a tener en cuenta para calcular la cantidad económica exigida será el número de días resultantes desde la fecha de entrada en España hasta la fecha de salida, ambas fechas incluidas. Durante el año 2023, la cantidad mínima a acreditar fue de 108,00 € por persona y día, con un mínimo de 972 € o su equivalente legal en moneda extranjera.
c. Para regresar al país de procedencia o para trasladarse en tránsito a terceros países se presentará el billete o billetes nominativos, intransferibles y cerrados, en el medio de transporte que pretendan utilizar.

La disponibilidad por los extranjeros de los medios económicos señalados se acreditará mediante exhibición de los mismos, en el caso de que los posean en efectivo, o mediante la presentación de cheques certificados, cheques de viaje, cartas de pago o tarjetas de crédito, que deberán ir acompañadas del extracto de la cuenta bancaria o una libreta bancaria puesta al día, o cualquier otro medio con el que se acredite fehacientemente la cantidad disponible como crédito de dicha tarjeta o cuenta bancaria.

La norma que aborda de forma expresa los medios económicos cuya disposición habrán de acreditar los extranjeros para poder efectuar su entrada en España es la Orden PRE/1282/2007, de 10 de mayo.

 Importante

Para la entrada en territorio español de los extranjeros, estos tendrán que acreditar medios de vida suficientes para el tiempo que pretendan permanecer en España, o estar en condiciones de obtener legalmente dichos medios.

6.2. Tarjetas bancarias: de crédito y de débito

La diferencia entre tarjetas de crédito y débito es que en las primeras el usuario puede pagar y retirar dinero incluso si su cuenta no dispone de fondos en ese momento, ya que aplaza el cobro hasta el siguiente mes. En cambio, en la tarjeta de débito los cargos se realizan automáticamente en la cuenta del usuario, hasta el límite establecido.

Su uso es generalizado en la mayoría de los países del mundo, menos en los subdesarrollados, donde su utilización está limitada a la capital del país y/o lugares muy turísticos. Con ella se puede disponer de efectivo en un cajero automático.

El uso de los servicios de una tarjeta de crédito puede conllevar el pago de una comisión. Esta puede ser una cantidad fija o bien un porcentaje del importe de la compra.

Ejemplos de tarjetas de crédito

6.3. Cheques de viaje

El cheque de viaje es un documento emitido por una entidad financiera, canjeable por dinero en efectivo y que se puede usar como forma de pago en casi todo el mundo. No está relacionado con una cuenta corriente, sino que se paga como un servicio en el momento de recibirlos. Los cheques de viaje son emitidos por entidades bancarias y otros intermediarios financieros no bancarios de reconocida presencia internacional, como *VISA, American Express, MasterCard*, etc.

Además, poseen una gran ventaja, y es la seguridad que tienen. A diferencia del dinero en efectivo, cada uno de los cheques de viaje está seriado y posee el nombre y los datos del titular, de modo que nadie más puede utilizarlos.

La posibilidad de disfrutar de cheques de viaje es muy útil, para los usuarios más viajeros, porque significa poder disponer siempre de dinero y, además, no caducan y, por lo tanto, pueden conservarse para posteriores viajes.

Pero también tienen algunos inconvenientes, y es que en algunos lugares es difícil canjearlos y en determinados destinos suelen cobrar una comisión bastante elevada.

Actualmente, los cheques de viaje están en desuso, cediendo terreno a favor de las tarjetas de crédito o débito. Esto es debido a que se pierde dinero al comprarlos, ya que hay que pagar una comisión por ellos y el tipo de cambio que dan en el país donde se utilizan.

6.4. Eurocheques

El eurocheque es un sistema de pago cobrable (considerado dinero en efectivo), a través de instituciones financieras europeas. Está formado por un cheque y la tarjeta del eurocheque. Es una forma de pago normalizado que se puede garantizar, por lo que su uso es ideal tanto en el territorio nacional como en el extranjero. Fue introducido en Europa en 1969, siendo muy conocido, pero actualmente está en desuso por:

- El auge de las tarjetas de crédito.
- Sus costes son mayores que los de las tarjetas.
- Están más expuestos al fraude que las tarjetas.

6.5. Internet

Además de las formas de pago vistas anteriormente, se utilizan otros medios de cobro o pago. Un ejemplo de ello es la banca electrónica, cada vez de mayor uso. Es conveniente aprender su modo de funcionamiento en cualquiera de sus posibilidades. Algunas de las operaciones que se pueden realizar a través de este medio son:

- **Transferencia bancaria:** el titular de una cuenta ordena que se transfiera una cantidad a otra cuenta.
- **Domiciliación de pagos:** órdenes mediante las que se autoriza el cobro en la cuenta de recibos (agua, luz, teléfono, etc.).
- **Tarjetas bancarias:** ya sean de débito o crédito.

La forma de pago más usual en las compras en webs es mediante tarjeta de crédito. Estos comercios electrónicos deben tener instalada una plataforma segura de pago que les permita verificar la fiabilidad de la tarjeta del cliente.

Los medios de pago más utilizados actualmente son los siguientes:

1. Tarjetas de crédito y débito.
2. Plataformas de pago *(Bizum, PayPal, Safetypay*, etc.).
3. Pago contra reembolso.
4. Transferencia bancaria.
5. Pagos desde el teléfono móvil.
6. Sellos de confianza *(Verisign, OptimaWeb*, Confianza *Online*, etc.).

6.6. Medios internacionales de pago básicos

Los medios internacionales de pago básicos son los nombrados anteriormente, sobre todo las tarjetas de crédito y débito, y el pago en efectivo: en dólares americanos, en euros o en la propia divisa del país.

Existen otros medios de pago para el comercio internacional. Los más importantes son:

- **Metálico o efectivo.**
- **Cheque bancario:** documento por el cual la persona que lo expide o emite y lo firma (el librador), ordena a su entidad bancaria (el librado) que pague una determinada suma a otra persona (el beneficiario o tenedor).
- **Orden de pago simple:** mandato que realiza una persona a su banco para que, directamente (orden de pago simple directa) o a través de otro banco (orden de pago simple indirecta), ponga a disposición de un tercero una determinada cantidad de dinero.
- **Orden de pago documentaria:** se trata de una orden dada por el importador a su banco para que realice una transferencia a favor del exportador en el momento en que dicho banco reciba la documentación acreditativa de la mercancía enviada.
- **Remesa simple:** son aquellas que comprenden uno o varios documentos financieros que nunca van acompañados de documentos comerciales. Es una operación bancaria por la cual el vendedor/exportador encarga a una entidad financiera la gestión de cobro de unos documentos (financieros y/o comerciales) con cargo al comprador/importador.

■ **Remesa documentaria:** son aquellas que comprenden el envío de documentos comerciales que pueden o no ir acompañados de documentos financieros.

■ **Crédito documentario:** es una orden que el importador da a su banco para que proceda al pago de la operación en el momento en que el banco del exportador le presente la documentación acreditativa de que la mercancía ha sido enviada de la manera convenida.

6.7. Cálculo del cambio

Como ya se ha visto, divisa es toda moneda utilizada en una región o país ajeno a su lugar de origen Las divisas oscilan entre sí dentro del mercado monetario mundial. Como consecuencia, se pueden establecer diferentes tipos de cambio entre divisas que varían continuamente según diversas variables económicas, como la inflación, el crecimiento económico o el consumo interno de un país.

España pertenece a la zona euro y comparte moneda con muchos países, pero si se viaja fuera de esta zona hay que cambiar de moneda para el comercio. Se proponen una serie de pasos a seguir para viajar a países con distinta divisa:

1. Conocer su cambio actual. Ejemplo de euro a dólares americanos:

DIVISAS	
Euros	Dólares americanos
1.00 EUR	1.302 USD

2. Adquirir billetes pequeños y grandes en un banco de confianza. Las monedas extranjeras no se cambian en España, por lo que es aconsejable gastarlas en el propio destino.

3. Hacer una relación entre el euro y la divisa en cuestión para orientarse con el cambio a la hora de ir de compras y hacer pagos. Ejemplo:

DIVISAS	
Dólares americanos	Euros
1.00 USD	0,94 €
5.00 USD	4,69 €
10 USD	9,37 €
50 USD	46,85 €

 Nota

El euro es una moneda de uso diario por parte de unos 753 millones de europeos.

 Actividades

3. Enumerar cinco alimentos prohibidos por algunas religiones.
4. Investigar qué divisa se debe llevar si se realiza un viaje a Egipto.

 Recuerde

El dólar americano es la moneda oficial del país norteamericano, pero también es moneda de curso legal en otros países como Ecuador, El Salvador, Panamá y Timor Oriental. Su símbolo es $ o USD.

7. Intérpretes

La característica de los guías oficiales de turismo, conocidos como guías de turismo, guías de ciudad, guías intérpretes, informadores turísticos y guías intérpretes del patrimonio, es la prestación, de manera habitual y retribuida, de servicios de información cultural, artística, histórica y geográfica en sus visitas a museos, monumentos y otros lugares que, debido a su importancia histórica o cultural, figuren en el catálogo de lugares de interés turístico.

A la hora de desarrollar su actividad, el guía turístico tiene que respetar unas obligaciones:

- Cumplir el programa de visitas en el tiempo acordado, con una óptima atención a sus clientes.
- Informar objetivamente sobre los aspectos del lugar a visitar.
- El grupo no puede ser superior a treinta personas, a no ser que integre una unidad de transporte mayor de lo establecido.
- Desempeñar sus funciones de acuerdo a los más altos estándares de calidad.
- Brindar asistencia de primeros auxilios en caso de accidente o enfermedad; de ser el caso, llamar a un médico, priorizando la seguridad del turista, y si se requiere, coordinar con las instancias respectivas la evacuación.
- Asistir al turista en caso de pérdida o robo de documentos u objetos de valor.

La actividad de guía de turismo comenzó a regularse en España en la época de Alfonso XIII, pasando por diversas regulaciones y normativas que han ido dando forma a la actual figura del guía de turismo. En la actualidad, el Gobierno de la Nación tiene transferidas a las comunidades autónomas las competencias en este sector. Por ello, son estas las que habilitan, controlan y vigilan la figura del guía de turismo.

De igual modo, en los países pertenecientes a la zona euro, esta actividad también está regulada por las autoridades competentes de las áreas de turismo y cultura; lo mismo sucede en la mayor parte de los países del resto del mundo.

8. Servicios especiales: sala de reuniones, fax, secretario, despachos y salas audiovisuales

Un evento es una actividad que ha de ser planificada, llevada a cabo, controlada, encaminada a conseguir los objetivos propuestos, ya sean de carácter empresarial, asociativo o particular. En los eventos intercambian opiniones y puntos de vista sobre temas concretos personas de colectivos diferentes con intereses propios. El éxito de un evento depende en gran medida de su planificación. En la organización de los mismos hay que tener en cuenta:

1. Secretaría:

- Organización de la secretaría en la sala de eventos.
- Planificación y coordinación del evento.
- Difusión, publicidad, *mailing* y anuncios.
- Gestión de inscripciones.
- Servicios de protocolo.
- Servicios de atención a los participantes.
- Material de apoyo, documentación, carteras, obsequios, etc.
- Servicios de información en los hoteles y traslados.

2. Servicios auxiliares:

- Azafatas.
- Megafonía y grabación.
- *Coffee break*.
- Adornos florales.
- Gabinete de prensa y comunicación.
- Programa de acompañantes.
- Agencia de viajes.
- Servicios de telecomunicación y vídeo conferencias.

3. Infraestructura:

- Sede del evento.
- Sala de conferencias.
- Cafetería y guardarropas.

■ Salas privadas de reuniones, telefonía, fax y ordenadores, etc.

■ Despachos de uso privado, telefonía, fax y ordenadores, etc.

4. Gabinete de prensa:

■ Convocatorias de rueda de prensa.

■ Gestión de reportajes.

■ Emisión de comunicados.

■ Gestión de entrevistas.

5. Asistentes:

■ Carpetas y maletines.

■ Oferta hotelera.

■ Traslados.

■ Restaurantes.

■ Obsequios.

6. Programa social:

■ Cena de clausura.

■ Excursiones.

■ Espectáculos.

■ Confección de programas para acompañantes.

9. Documentación y preparación de las jornadas de trabajo

Un evento o jornada de trabajo bien planificado es la mejor manera para garantizar que en él se van a alcanzar los objetivos propuestos para los diferentes temas de la agenda o programa.

Dependiendo del tipo de evento que se trate, su organización varía. A continuación, se detallan algunos ejemplos.

9.1. Eventos informativos

Hay diferentes eventos informativos que a continuación se desarrollan.

Asamblea

Se trata de una reunión con numerosos individuos (por ejemplo, todos los miembros de una asociación), cuyo objetivo es tomar alguna decisión de forma conjunta. El presidente de la asamblea es el encargado de velar por la buena marcha de la misma y que los temas tratados sean los reflejados en el orden del día.

Conferencia

Exposición oral de una o varias personas, puede seguirse de un coloquio. El objetivo es proporcionar información o transmitir conocimiento.

Jornadas

Se trata de una serie de reuniones de estudio o trabajo que se realizan en más de un día, en las que participan un número elevado de personas. Su principal objetivo es impartir conocimiento.

Simposio

Es una exposición oral por parte de varios expertos sobre un tema determinado. La duración de la intervención es de diez o veinte minutos.

 Importante

El simposio es una reunión en que se examina y discute determinado tema.

9.2. Eventos promocionales

Ejemplos de eventos promocionales son los siguientes:

Ferias y exposiciones

Este tipo de eventos están protagonizados por empresas o asociaciones como medio publicitario, o para conseguir un aumento de las ventas.

Inauguraciones y aniversarios

Una inauguración es la apertura de una nueva sede de una empresa, y conlleva una progresión de la misma. Un aniversario es un acto convocado por la empresa para resaltar sus éxitos logrados.

Visitas a fábricas o empresas

Mediante estos eventos se pretende fomentar los lazos de unión entre empresas y clientes o proveedores.

9.3. Eventos varios

Como comidas de empresa y de trabajo, etc. Un acto empresarial se puede enfocar de distintas maneras; no se convoca igual una reunión que una conferencia, aunque sí que es necesario comunicar los actos por escrito. Los documentos más habituales son:

- **El saludo:** documento externo con el que se comunica alguna información breve.
- **El programa:** documento que se usa para convocar a un evento de cierta duración. Tiene que contener la siguiente información:

  - **La credencial:** documento escrito que se suele usar en multitud de eventos para acreditar a un sujeto como participante. Toda credencial identifica la entidad organizadora y a la persona que participa.
  - **Informe de un evento:** documento que recoge las conclusiones a las que llega una persona o un grupo.

Carné de prensa internacional (INTERNATIONAL PRESS CARD (IPC))

 Actividades

5. Investigar sobre qué ferias y exposiciones se celebran en su provincia a lo largo del año.
6. Señalar cuál es la diferencia entre tarjeta de crédito y tarjeta de débito.

10. La oficina móvil

Gracias a los avances tecnológicos actuales, no hace falta que una persona esté en una oficina para poder gestionar una empresa. Como consecuencia de ello, la oficina es el lugar desde el que esa persona resuelve todos los asuntos relacionados con su negocio, ya sea en un restaurante, un bar, su casa o el aeropuerto.

La oficina móvil se integra dentro del concepto de la movilidad. La movilidad consiste en la utilización de herramientas informáticas (portátiles, tabletas, teléfonos inteligentes, dispositivos móviles, etc.) con conexión inalámbrica, que operan con datos, información y aplicaciones centralizadas.

En muchos casos, con estas herramientas móviles se tiene teléfono, acceso a internet y al correo electrónico, SMS, MMS y organizador personal, de un paquete ofimático, mensajería instantánea y telefonía IP, radio, videocámara y televisión.

La oficina móvil y, en general, las soluciones de movilidad aumentan la aptitud empresarial, minimizan los costes y optimizan el servicio al cliente.

 Nota

El sistema de mensajería multimedia (del inglés *multimedia messaging system* o MMS) es un estándar de mensajería que permite a los teléfonos móviles enviar y recibir contenidos multimedia.

La movilidad tiende a ampliar la productividad, ya que algunas tareas son dotadas de mayor agilidad. Permite ahorrar desplazamientos y costes de infraestructura, mejora los procesos de negocio al reducir el uso del papel, facilita la toma de decisiones e incluso puede mejorar los contactos profesionales y los servicios ofrecidos por la empresa.

La integración actual del teléfono móvil con el ordenador personal o las posibilidades que ofrece el trabajo en la nube, ofrece terminales con funciones muy interesantes. Así, el terminal inalámbrico ofrece telefonía y mensajería SMS y MMS, internet móvil (correo electrónico, navegación, lectura de noticias, voz sobre IP o mensajería instantánea), organizador personal y numerosas aplicaciones informáticas para trabajar.

La unificación de los equipos informáticos portátiles y de telecomunicación, junto con la mejora fundamental de las redes de telefonía de banda ancha, ha dado el empuje definitivo a la oficina móvil y a las soluciones de movilidad.

Todo esto es posible gracias a las redes wifi y de banda ancha.

11. La agenda de reuniones

En toda reunión hay unas variables que se deben conocer para una correcta planificación de dicho evento:

- Número de participantes.
- Duración.
- Agenda.

La RAE define el término *agenda* como libro o cuaderno en que se apunta aquello que se ha de hacer para no olvidarlo; y la relación de los temas que han de tratarse en una junta o de las actividades sucesivas que han de hacerse.

La elaboración correcta de una agenda permite a los participantes preparar sus intervenciones con anticipación y centrar el debate sobre los temas previstos, y sirve de guión, tanto para el seguimiento de los temas a tratar como para el respeto hacia los tiempos de cada participante.

La agenda concreta la programación del trabajo en temas correctamente expresados. También hay que establecer plazos para tratar los distintos puntos de la agenda.

En un primer momento, es aconsejable hacer un breve resumen de la agenda del día, indicando qué tiempo se va a dedicar a cada punto a tratar y quiénes van a ser los participantes en la reunión.

Asimismo, es recomendable tratar los temas primordiales al comienzo de la reunión, de este modo se evita abordarlos al final de la reunión cuando ya no queda tiempo, con lo que no se les dedica el espacio suficiente.

Es reglamentario fijar antes del día de la reunión la agenda de la misma y ver los diferentes puntos:

- Fecha, lugar y hora de comienzo.
- Temas que se van a abordar, en qué orden y tiempo previsto.
- Nombre de los participantes por cada parte y en qué orden lo van a hacer.

- Pausas: cafés y almuerzo.
- Hora de finalización.

La agenda es considerada una hoja de ruta de los temas a tratar, no obstante hay que darle cierta flexibilidad, puesto que las cosas no siempre suceden como estaban previstas.

 Aplicación práctica

En la actualidad trabaja como secretaria/o de dirección de una agencia de viajes mayorista. El director le encarga que organice un evento con motivo de la presentación de un nuevo folleto. ¿Cómo lo haría?

SOLUCIÓN

Antes de nada debe conocer el número de personas que van a asistir a la presentación, la fecha y el lugar de comienzo del evento, y qué temas se van a abordar. También hay que tener en cuenta la hora de comienzo, y si es por la mañana tener encargado un coffee break para los asistentes.

A los asistentes se les debe hacer llegar un saludo en modo de invitación con los datos precisos de hora, lugar, etc.

Asimismo se debe tener en cuenta:

- Innovar, es decir, presentarlo de forma diferente a la mayoría de los eventos, de modo que sea recordado.
- Incluir un turno de preguntas después de la presentación.
- Comprobar que el lugar de la celebración tenga red wifi.
- No cobrar por el *parking* ni por el *coffee break*.
- No improvisar, todo ha de estar planificado.
- No dar mucho material impreso a los asistentes, con internet la información en papel está obsoleta.

12. Resumen

Cuando se planifica un viaje, un apartado fundamental es la elección del medio de transporte, que generalmente depende de la distancia y del presupuesto del viajero, y la realización de la reserva de dicho transporte, a través de una agencia de viajes o bien de internet.

Actualmente, los billetes utilizados por las compañías aéreas son en formato electrónico, pues tiene muchas ventajas. Una de ellas es que no es necesario entregar ningún justificante en papel para obtener la tarjeta de embarque, simplemente hay que decir el localizador de la reserva e identificarse la persona.

Muy importante en la planificación del viaje es el alojamiento. En la actualidad, hay un amplio abanico de establecimientos turísticos de distintas categorías y modalidades. Los restaurantes son también pieza clave en la difusión de un patrón alimentario saludable.

Para la realización del viaje hay que tener en cuenta el dinero que se va a llevar en efectivo, así como las tarjetas de crédito o débito, cheques de viaje o eurocheques. Del mismo modo es primordial, conocer el valor del cambio de esa divisa.

Una figura esencial en el desarrollo de un viaje es el guía de turismo, encargado de cumplir el programa de visitas, prestando una atención óptima al turista.

Los avances tecnológicos facilitan, entre otras cosas, la realización del trabajo de la oficina en la propia casa, en un restaurante o un parque, siendo requisito indispensable la conexión a internet. De este modo, el lugar de trabajo pasa a ser considerado una oficina móvil.

Ejercicios de repaso y autoevaluación

1. **De las siguientes frases, indique cuál es verdadera o falsa.**

   a. En la actualidad se está asistiendo a una privatización del transporte aéreo, lo que ha supuesto la desaparición de los monopolios sobre espacios aéreos.

      ☐ Verdadero
      ☐ Falso

   b. Una limitación del transporte terrestre en automóvil es su alto grado de siniestralidad.

      ☐ Verdadero
      ☐ Falso

   c. La mayor entrada de turistas a España en 2022 ha sido a través de los puertos.

      ☐ Verdadero
      ☐ Falso

2. **Relacione los siguientes conceptos:**

Saludo	Es una exposición oral por parte de varios expertos sobre un tema determinado. La duración de la intervención es de 10 o 20 minutos.
Credencial	Documento externo con el que se comunica alguna información breve.
Simposio	Documento que se usa para convocar a un evento de cierta duración.
Programa	Documento escrito que se suele usar en multitud de efectos para acreditar a un sujeto como participante de un acto.

3. Relacione las siguientes columnas:

Hotel   Dos estrellas plateadas

Hotel-apartamento   Gran Lujo

Hostal   Dos estrellas doradas

4. Busque en la siguiente sopa de letras seis diferentes medios de pago.

H	O	O	C	I	L	A	T	E	M
Y	E	S	H	T	U	N	D	I	A
T	C	R	E	D	I	T	O	N	M
A	S	E	Q	E	N	E	O	L	R
O	O	E	U	B	I	L	J	O	E
D	H	G	E	I	A	Q	S	G	S
E	K	Z	H	T	Ñ	M	J	B	T
D	O	S	L	O	B	M	E	E	R

5. ¿Cuáles son las características principales de la dieta mediterránea?

_____

_____

_____

_____

6. ¿Qué tipos de alojamientos turísticos existen? Indíquelos

_____

_____

_____

_____

_____

_____

_____

7. Complete la siguiente tabla con una "X", según corresponda:

	TARJETA DE CRÉDITO	TARJETA DE DÉBITO
El usuario puede pagar y retirar dinero incluso si su cuenta no dispone de fondos en ese momento, ya que se aplaza el cobro hasta el siguiente mes.		
Los cargos se realizan automáticamente en la cuenta del usuario, hasta el límite establecido.		
Su uso es generalizado en la mayoría de los países del mundo.		
El uso de los servicios de esta tarjeta puede conllevar el pago de una comisión.		

8. ¿Qué característica diferencia a los hostales y pensiones con respecto a otros establecimientos turísticos?

_____

_____

9. ¿Cuáles son las ventajas del billete electrónico con respecto al tradicional?

_____
_____
_____
_____
_____
_____
_____

10. El guía turístico tiene que respetar unas obligaciones cuando desarrolla su actividad. Señale si es verdadero o falso.

   a. Cumplir totalmente el programa de visitas.

      ☐ Verdadero
      ☐ Falso

   b. El grupo no debe ser superior a treinta personas.

      ☐ Verdadero
      ☐ Falso

   c. Informar subjetivamente sobre los aspectos del lugar a visitar.

      ☐ Verdadero
      ☐ Falso

   d. Debe prestar una atención óptima a sus clientes.

      ☐ Verdadero
      ☐ Falso

11. ¿Qué información debe reflejar la placa identificativa de un establecimiento hotelero?

_____
_____

12. ¿Quién es considerado el padre de la hotelería?

_____

_____

13. Complete la siguiente definición:

El cheque de viaje es un _____ emitido por una entidad _____, canjeable por dinero en _____, y que se puede usar como forma de _____
en casi todo el _____.

14. Enumere tres clases de eventos promocionales.

_____

_____

_____

_____

15. Busque en la siguiente sopa de letras ocho puntos a tener en cuenta en la confección de la agenda de reuniones.

S	R	H	H	I	O	L	O	F	A
A	S	L	U	G	A	R	G	L	H
E	F	A	C	E	D	M	M	F	D
R	G	H	R	E	J	U	E	B	E
B	A	S	N	O	E	C	Z	T	W
M	B	F	M	R	H	U	P	L	T
O	V	D	Z	A	M	O	U	L	Y
N	S	O	C	A	V	E	S	A	U

Capítulo 4
Documentación posterior al viaje

Contenido

1. Introducción

Una agencia de viajes, al igual que cualquier otra entidad mercantil, necesita tener una contabilidad de su empresa conforme a la normativa. Para ello serán necesarios una serie de documentos e impresos, como son los albaranes, facturación emitida, etc.

De igual importancia es el manejo de la información, es decir, tener todos los datos disponibles en cualquier momento, lo que se consigue con un buen sistema de clasificación de los documentos mediante carpetas, archivos, etc.

Independientemente del tamaño de la empresa, esta se debe marcar unos objetivos anuales. Para su consecución, ha de desarrollar un plan estratégico, que será el eje de lo que la empresa quiere ser en el futuro. También es de máxima importancia llevar a cabo un estudio de optimización, realización y temporalización de viajes.

2. Informe económico

Un informe económico es el conjunto de documentos que constituye un estudio o análisis sobre la situación económica de una empresa. En dichos informes se analizan aspectos como la solvencia, la financiación o la viabilidad de la empresa que solicita el informe. En su confección se usan herramientas como gráficos, tablas, vídeos de películas, etc., de manera que contribuyan a la comprensión de lo expuesto en el informe.

 Importante

El propósito de un informe económico es comunicar información a un nivel más alto en una organización.

Según sean las prioridades del informe, se analizarán unos aspectos económicos u otros. Como norma general, el informe implica el estudio de unos determinados aspectos:

- Realizar un análisis económico de la situación inicial.
- Establecer los objetivos y presentar una exposición aclaratoria del contenido del informe.
- Realizar un estudio de mercado con el fin de conocer el público al que se dirige la acción comprendida en el informe.
- Conocer los medios de financiación.
- Confeccionar un presupuesto orientativo.
- Presentar las inversiones a realizar.
- Conocer los recursos necesarios.
- Conclusiones.

Todo informe ha de incluir:

- Un índice.
- Una presentación de los objetivos y del fin general.
- Un desarrollo de los pasos a emprender.
- Una conclusión final de la propuesta económica.

La clave del éxito de un informe económico radica en la habilidad de sintetizar su contenido. Asimismo es muy importante que la información contenida en el informe esté estructurada de forma ordenada, de modo que se entienda con facilidad la situación de la actividad. De igual modo, el informe se ha de focalizar en el sector concreto de la empresa, evitando información que no sea de interés del destinatario del mismo.

Teléfono

Fax

INFORME ECONÓMICO

DE

EMPRESA DE PRUEBAS, S. L.

De 01/01/2024 a 31/12/2024

INDICE:

1. Cuenta de Pérdidas y Ganancias
2. Estructura de los Gastos
3. Estructura de los Ingresos
4. Margen Comercial
5. Ratios Económicos
6. Evolución Histórica del Margen Comercial
7. Evolución Histórica del Margen Neto de Beneficio
8. Evolución Histórica del *Cash-Flow*
9. Análisis Económico de la Plantilla
10. Evolución Histórica de Rentabilidad de Fondos Propios
11. Dependencia Humana y Financiera de los Resultados

Informe económico de una empresa

3. Justificantes

Un justificante es un documento que sirve como comprobante de la operación que se ha realizado y para asegurarse que los datos aportados son correctos. Este justificante puede ser en forma de contrato, factura o la garantía debidamente sellada; siempre se ha de solicitar el pertinente justificante. De igual modo, es aconsejable pedir un presupuesto escrito y desglosado de los servicios o productos que se pretenden adquirir. Conviene también guardar la publicidad del producto o establecimiento. Todos estos documentos se deben conservar durante un periodo de tiempo prudencial, ya que pueden ser necesarios cuando exista algún problema y son fundamentales para poder reclamar o justificar los gastos.

 Definición

Garantía
Seguridad que se ofrece de que una cosa va a realizarse o suceder. Compromiso del fabricante de un aparato, mediante un escrito, de reparar de forma gratuita las averías que tenga dicho aparato durante un periodo determinado.

El viajero debe quedarse siempre con todo tipo de documentos que acrediten el pago o reserva de un servicio turístico. Para acreditar es necesario adjuntar facturas, recibos, tiques y justificantes de todos los gastos ocasionados. En caso de vuelos, hay que tener siempre a mano la documentación del viaje: talón de embarque, justificantes de facturación del equipaje, tiques de comidas, reservas de hoteles, billetes de tren, metro o autobús. Si se trata de un paquete turístico o viaje combinado, es la agencia de viajes quien tiene que ofrecer un contrato con todas las condiciones, firmado por ambas partes.

Los justificantes de pago, que tendrán que ser originales, verificarán que el pago se ha realizado, y a poder ser y de forma general, es aconsejable que se realice mediante transferencia bancaria, tarjeta de crédito, etc.; de manera que se tenga otro justificante de haber realizado ese pago en el caso de pérdida del documento original.

Cuando se compra un bien de naturaleza duradera, el usuario recibe un documento donde aparece la identidad de quien avala la garantía y los derechos que se tienen durante el periodo de garantía, que nunca puede ser inferior a seis meses. La garantía incluye la reparación gratuita de los desperfectos originales del producto, cubriendo los gastos de material, mano de obra, desplazamiento del técnico al domicilio o del objeto al taller de reparación, así como los daños y perjuicios que origine.

 Recuerde

Un contrato de compra de un servicio, como un viaje combinado, implica una serie de derechos y obligaciones que el usuario debe conocer. Es aconsejable leerlo hasta el final antes de firmarlo, incluyendo las cláusulas en letra pequeña. Una vez que se haya suscrito, hay que solicitar una copia como justificante del mismo.

4. Notas de entrega

La nota de entrega es un documento que acredita la recepción de un pedido. El cliente ha de firmar la nota de entrega al transportista. Este documento se utiliza en la recepción de productos, es decir, garantiza que el cliente lo ha recibido, sin implicar la aceptación ni los defectos que el producto pueda tener; por ejemplo, cuando se adquiere un libro a través de internet. La empresa de transporte ha de justificar que dicho libro ha sido entregado al cliente. Para ello el transportista presenta una nota de entrega al cliente que firma como justificante de la recepción. Últimamente se está imponiendo el uso de los capturadores de firma entre las empresas de transportes.

*El dispositivo capturador de firma digital
produce firmas legalmente vinculantes gracias
a la tecnología panel táctil.*

5. Albaranes

El albarán es un documento mercantil que envía el vendedor al cliente junto con los materiales; es el justificante de que la mercancía solicitada ha sido entregada y se ajusta a lo solicitado. El cliente tiene que contar y comprobar los artículos recibidos, para cerciorarse de que coinciden con lo solicitado en el pedido y en el albarán, así como para asegurarse de que los productos están en buenas condiciones.

 Nota

La palabra *albarán* proviene del árabe barā'ah, que significa "la prueba" o "el justificante".

Si el cliente está de acuerdo con la mercancía recibida debe firmar la conformidad en el espacio destinado para la misma. En el caso de que dicha mercancía no sea conforme, el cliente puede devolverla o bien modificar lo necesario en el albarán.

En todo albarán se ha de detallar:

- Nombre y NIF del proveedor, o razón social y además de la dirección postal.

- Identificación del cliente, con los mismos datos que el proveedor.
- Número de albarán.
- Fecha de envío o fecha de entrega del albarán.
- Lugar de entrega de la mercancía.
- Descripción del género enviado y el precio unitario de cada artículo.
- Conformidad del cliente.
- Observaciones.

El albarán es el justificante de que la mercancía solicitada ha sido entregada y se adecua a lo pedido. Está formado por varias copias de diferentes colores para facilitar su distribución. El cliente firma dos de ellas, que son una para el proveedor y otra para el transportista (también debe justificar que la entrega ha sido realizada conforme a lo ordenado); la tercera copia es para el cliente. Es necesario guardar el albarán por si se produjese alguna reclamación.

Existen dos tipos de albaranes, que aunque son muy similares tienen funciones diferentes:

1. El **albarán valorado:** aparece el precio individual de cada mercancía, los impuestos, los descuentos y el valor total de la transacción. No suele ir acompañado de la factura.
2. El **albarán sin valorar:** solo aparecen los datos relativos a la descripción y cantidad de productos, y no refleja el precio de cada producto, ni el precio final del pedido. Va acompañado de la factura.

 Recuerde

El albarán, más que cumplir funciones tributarias, sirve para avalar la entrega de una mercancía. Es un documento que solo garantiza una entrega; si se le añade el valor de los artículos es solo para dar un detalle más pormenorizado de la transacción.

ALBARÁN

 SUMINISTROS HD
C/ Martínez Palma, 18
41009 Sevilla

N.º de albarán: 1300/11

Fecha: 16/03/20XX

CLIENTE
    CÁRNICAS, S. L.
    C/ Beethoven, n.º 56
    28006 Madrid

NIF: B-28056987

Portes:
Bultos:
Lugar de entrega:

CÓDIGO	CANTIDAD	ARTÍCULO	PRECIO	DCTO.	IMPORTE
133	1	CANAL CORDERO (LOTE 336/ 22/ 2025	23,67 €		23,67 €
761	3	CANAL CERDO (LOTE 584/ 67/ 2025)	18,39 €		55,17 €

OBSERVACIONES:	FIRMA Y NOMBRE DEL CLIENTE:

Ejemplo de albarán

6. Facturas proforma

Una factura proforma no es una factura real, es un documento a modo de borrador de una oferta comercial, pero sin tener el valor legal de la factura final. El vendedor la emite antes de concretar la venta, especificando las condiciones de la misma, convirtiéndose en un reflejo o un anticipo de lo que será la factura real. Es un documento que expresa o acredita el compromiso del vendedor de proporcionar unos determinados bienes o servicios a un comprador a un precio establecido.

Datos de la empresa vendedora:

Factura proforma n.º:

Fecha de validez:

Datos del cliente:

Málaga, 3 de junio de 20XX

CANTIDAD	DESCRIPCIÓN MERCANCÍA	PRECIO UNITARIO	IMPORTE

FORMA DE PAGO	IMPORTE

La factura proforma es un documento que utiliza el vendedor para plasmar una oferta detallada de una venta.

Actividades

1. Recopilar tiques de compra y facturas de artículos adquiridos. Señalar las diferencias que hay entre ambos.
2. Señalar en qué establecimientos de su barrio se utilizan dispositivos para capturar la firma digital, y cómo son.

7. Facturas definitivas

Una factura es un documento que resume la realización de una operación económica, normalmente se trata de una compraventa.

Para que sea correcta una factura sigue una estructura que incorpora los siguientes elementos:

- **Datos identificativos del proveedor o profesional** que presta los servicios, y del cliente, variando según se trate de personas físicas o jurídicas.
- **Número de factura:** es la identificación del documento. Todas las facturas emitidas en un mismo año han de estar numeradas de forma correlativa.
- **Fecha y lugar de emisión de la factura:** hay que tener en cuenta que las fechas de las facturas deben ir de acuerdo a su numeración.
- **Concepto de la factura:** breve descripción de los servicios prestados, normalmente desglosado por líneas y con sus referencias en el caso de que las tengan.
- **Precio unitario de cada producto vendido.**
- **Descuentos aplicados:** si existen, son rebajas que hace el proveedor al comprador por alguno de estos motivos:

  - **Descuento comercial.** Por tratarse de un cliente fiel o por comprar una gran cantidad, etc.
  - **Descuento por pronto pago.** La mercancía es pagada al contado en el momento en que es recepcionada, o incluso antes de que llegue a su destino. Su abreviatura es: p/p.

- **Los portes:** en el caso de que hubiese.
- **Base imponible:** el importe de la operación menos el descuento -si lo hubiere- es la cantidad sobre la que se aplican los impuestos.
- **El tipo de IVA que se debe aplicar y la cuota.**
- **Retención del IRPF:** si existe.
- **Importe del IVA:** cantidad resultante de aplicar a la base imponible un porcentaje.
- **Cantidad total a percibir:** la suma del importe inicial menos la retención del IRPF más el importe del IVA.
- **Forma de pago:** forma en la que se hace efectivo dicho pago.

Hay otros requisitos legales que se aplican a las facturas:

- Se emite una factura con cada envío, normalmente en el momento de realizar la operación. En el caso de que las relaciones comerciales sean muy frecuentes, se agrupan varios envíos en una sola factura.
- La factura tiene que incluir el Impuesto sobre el Valor Añadido (IVA), un impuesto que grava la compra de artículos de consumo. Según el artículo 6 del reglamento de facturación, al realizar facturas, además de señalar el tipo de IVA que se aplica sobre cada producto o servicio, también se debe incluir la cuota tributaria. En las facturas simplificadas, opcionalmente se puede incluir la expresión "IVA incluido".
- Los empresarios y profesionales sujetos al IVA tienen dos libros de registro de facturas, uno para las facturas emitidas y un segundo para las recibidas.
- Los empresarios tienen que conservar las facturas durante cuatro años a partir de la fecha en que han sido emitidas, para poder comprobar las facturas con los libros de registro en caso de inspección fiscal.
- Todas las facturas que son emitidas por una empresa han de ser correlativas y una vez impresas no se pueden rectificar. En el caso de que se detecte un error será corregido mediante una factura rectificativa.

Las obligaciones de facturación están reguladas por el Real Decreto 1619/2012, de 30 de noviembre. En él se aprueba el reglamento de facturación por el que se regulan dichas obligaciones.

Consecuencia de las nuevas tecnologías de la información y de la comunicación, la factura tradicional en papel ha dado paso a la factura electrónica o *e-factura*. Se trata de un documento tributario que sustituye al anterior modelo y que tiene el mismo valor legal. Está generada mediante medios informáticos y recoge la misma información que se exige a la factura de papel. Supone un gran ahorro, ya que se puede transmitir entre emisor y destinatario a través de medios informáticos.

 Recuerde

La factura, a diferencia del albarán, es un documento jurídico de gran valor verificador, que deben emitir y entregar tanto las personas físicas como las jurídicas que se dedican a la compraventa de artículos o bienes o prestación de servicios.

 Aplicación práctica

Juan García Ruiz, jefe de compras de "Al-Hadiqa Garden", adquiere de la ferretería "Encuéntralo" los siguientes artículos:

▌ 100 m de manguera verde y diámetro de 1 cm, cuya referencia es M03010 y el precio del metro lineal es 0,50 €.
▌ 3 tijeras de poda curva de 18 cm. Su referencia es T02617. El precio por unidad es de 4,95 €.
▌ 25 macetas de terracota, modelo "Gardenia" de 14 cm. Su referencia es M05234. El precio por unidad es de 1,25 €.
▌ 7 aspersores circulares de 2 vías. Su referencia es A01098. El precio por unidad es de 12,50 €.

Confeccione una factura con los datos aportados, teniendo en cuenta que este cliente se encuentra en la base de datos de la ferretería. Estos datos son los siguientes:

Continúa en página siguiente >>

<< Viene de página anterior

I Nombre: ferretería "La Tuerca"
I Razón social: Calle de la Alegría, 21. 28760, Tres Cantos, Madrid.
I Teléfono: 91987654
I Fax: 91987652
I NIF: A-23098765

Por su parte, los datos de "Al-Hadiqa Garden" son los siguientes:

I NIF B-1234569
I Razón social: Avenida de la Paz, 158. 28300 Aranjuez, Madrid.
I Teléfono: 91257386/7/8
I Fax: 91257383
I *E-mail:* alhadiqagarden@gmail.com

Los precios reflejados son netos. La cuota aplicable de IVA es 21 %.

FERRETERÍA LA TUERCA

Para: **"Al-Hadiqa Garden"**   Fecha: 17 / 04 /20XX
   CIF: B-1234569   Factura n.º: 151342
   Razón Social: Avenida de la Paz, 158.28300 Aranjuez, Madrid
   Telf. 91257386/7/8 Fax: 91257383
   E-mail: alhadiqagarden@gmail.com

Cantidad	Descripción	Referencia	Precio unitario	Total
100 m	Manguera verde	M03010	0,50 €	50,00
3		T02617	4,95 €	14,85
25		M05234	1,25 €	31,25
7		A01098	12,50 €	87,50
			Subtotal	183,60
			IVA 21 %	38,56
			TOTAL	222,16 €

Gracias por su compra
"Ferretería La Tuerca" Calle de la Alegría, 21. 28760 Tres Cantos, Madrid.
Telef. 91987654 Fax: 91987652
NIF A-23098765

8. Seguimiento de acuerdos

La mayoría de las empresas tienen suscritos con sus proveedores acuerdos de carácter general, acuerdos marco o con estipulación de derechos y obligaciones específicas; convenios que fomentan los lazos mercantiles entre las partes, que pueden ser de obligado cumplimiento o simplemente de incentivo. Los acuerdos de incentivo significan porcentajes de beneficios a cambio de un incremento en las ventas; un ejemplo sería un rápel de un 5 % de descuento en la venta de habitaciones de una determinada cadena hotelera a partir de las 500 unidades reservadas en el año. El acuerdo de obligado cumplimiento es como su propio nombre indica, la obligación de tener que comprar un número mínimo anual y, siguiendo con el ejemplo anterior, tener que contratar como mínimo 100 habitaciones al año en determinada cadena hotelera.

 Nota

El descuento que una empresa concede a un cliente por alcanzar un consumo prefijado durante un periodo de tiempo concreto se llama rápel.

Todas estas transacciones mercantiles están reflejadas en contratos firmados por ambas partes, donde se reflejan todas sus peculiaridades, incluso la duración del mismo y su vigencia.

Se debe realizar un seguimiento sobre la base de un informe y evaluación del acuerdo alcanzado. El seguimiento ha de ser periódico para conocer el cumplimiento de los compromisos asumidos.

9. Evaluación y análisis de resultados

Toda empresa, con independencia de su tamaño, se debe marcar unos objetivos anuales, y para ello desarrolla un plan estratégico para conseguirlos, para ser realmente competitiva con otras empresas del mismo sector. El plan se convierte en el eje que contrasta la coherencia de lo que la empresa quiere ser en el futuro. Normalmente ya sea mensual, trimestral o cuatrimestral, se debe llevar un control y seguimiento de dichos objetivos, comparándolos con los resultados reales.

Una vez puesto en marcha el plan de *marketing,* se debe realizar un seguimiento de las principales magnitudes que permiten identificar si se están cumpliendo los objetivos y medir las desviaciones. Si se detecta una desviación importante, se deben tomar las medidas correctoras necesarias.

No sería lógico evaluar y analizar los resultados una vez concluido el año, ya que sería tarde para poder remediar las diferencias en los resultados producidos. Asimismo, se podrán filtrar acciones que resulta imposible desarrollar con los recursos disponibles. También se pueden identificar qué recursos hay que adquirir para llevar a la práctica las acciones que conforman el plan de la empresa.

La evaluación y análisis de resultados forma parte del plan estratégico que desarrollan las empresas turísticas:

1. Diagnóstico de la situación.
2. Declaración de objetivos corporativos.
3. Planificación de estrategias corporativas.
4. Seguimientos de objetivos y medidas correctoras si procede.
5. Evaluación y análisis de resultados.
6. Conclusiones y recomendaciones.

La evaluación debe ser permanente y con un sistema integrado. Para esto se debe realizar un seguimiento constante, cuyo objetivo primordial es proporcionar a los administradores la información oportuna de los avances registrados en cuanto al logro de los resultados esperados. Es necesario evaluar los sistemas y procesos, a las personas involucradas y los resultados cualitativos y cuantitativos que se están observando, para conocer lo que provoca las desviaciones y lo que causa las limitaciones durante la implantación de las mejoras proyectadas.

Los sistemas de gestión de la calidad son ejemplos de una forma permanente de evaluar y analizar los resultados en la gestión de una empresa.

A continuación, se definen una serie de conceptos relativos al plan estratégico:

- **Estrategia:** conjunto de acciones orientadas a la obtención de una ventaja competitiva sostenible en el tiempo y defendible frente a la competencia, mediante la adecuación entre los recursos y capacidades de la empresa, a fin de satisfacer los objetivos de los variados grupos participantes en ella.
- **Plan estratégico de *marketing:*** documento escrito en el que de una forma estructurada se concretan los objetivos comerciales a alcanzar en un periodo de tiempo estipulado y se especifican las estrategias y acciones que se van a acometer para conseguirlos en el plazo previsto.
- **Sistema de gestión de la calidad:** conjunto de elementos relacionados entre sí para implantar la política de calidad y los objetivos de calidad, para la consecución de dichos objetivos.
- **Evaluación:** proceso cuyo fin es determinar el grado de eficacia y eficiencia con que han sido utilizados los recursos destinados a lograr los objetivos previstos, facilitando de este modo el cálculo de las desviaciones y la adopción de medidas correctoras que garanticen el cumplimiento adecuado de las metas presupuestadas.

Fases de un plan estratégico

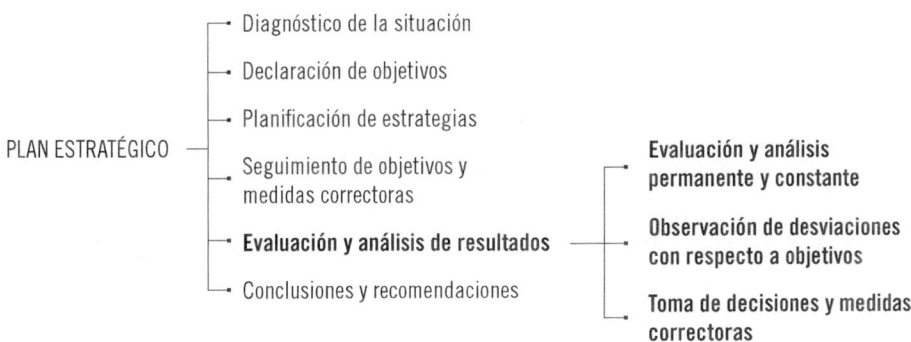

PLAN ESTRATÉGICO
- Diagnóstico de la situación
- Declaración de objetivos
- Planificación de estrategias
- Seguimiento de objetivos y medidas correctoras
- **Evaluación y análisis de resultados**
  - Evaluación y análisis permanente y constante
  - Observación de desviaciones con respecto a objetivos
  - Toma de decisiones y medidas correctoras
- Conclusiones y recomendaciones

Actividades

3. Averiguar si es lo mismo la factura que el albarán.
4. Señalar también si es lo mismo la nota de entrega que el albarán.

10. Archivo

El archivo en la empresa es una de sus herramientas más importantes, ya que en él se guarda información de forma organizada a través de los registros y otros documentos de interés. El procedimiento de guardar documentos o información en un archivo, es decir, guardar papeles en un determinado orden para tener rapidez y eficacia en la localización de documentos, es definido por la Real Academia Española como archivar.

Hay cuatro conceptos clave en un archivo:

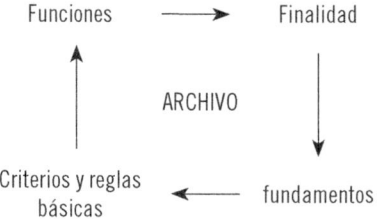

El archivo debe permitir cumplir con unas **funciones:**

- Almacenar la documentación que circula en la empresa.
- Recuperar de inmediato los documentos almacenados. De este modo se garantiza la rapidez en el envío de documentos a los departamentos de la empresa que los solicite.

De estas funciones la más importante es la recuperación inmediata de los documentos.

En una empresa, la **finalidad** del archivo es:

■ Ser el centro activo de la información y de la documentación, de forma que el trabajo se desarrolle eficazmente; por ejemplo, buscar información para contestar cartas, realizar ofertas, preparar informes, etc. Pero, ¿qué se debe archivar?:

> ▮ Facturas de proveedores.
> ▮ Faxes recibidos y emitidos.
> ▮ Facturas de clientes.
> ▮ Documentos de caja y bancos.
> ▮ Pedidos de clientes y proveedores.
> ▮ Presupuestos de clientes y proveedores.
> ▮ Correspondencia, etc.

■ Proporcionar los mejores servicios al menor coste posible. La organización del archivo se considera óptima cuando esto sucede.
■ Controlar los documentos del archivo, es decir, saber en todo momento dónde se encuentran y quién o qué departamento tiene dichos documentos. Asimismo, facilita información sobre si la documentación prestada es devuelta en su debido momento o no.
■ Asegurar la perfecta conservación de los documentos.

Con respecto a los fundamentos metodológicos del archivo, suelen surgir dudas al decidir en qué categorías se van a clasificar los archivos. El sistema de clasificación debe cumplir con tres criterios metodológicos: lógica, rigor y simplicidad.

El sistema de clasificación debe ajustarse a las necesidades de cada archivo, siempre aplicando una lógica, simplicidad y rigor.

El desarrollo de las nuevas tecnologías de la información y comunicación también ha llegado a los archivos. En los años 60 se comenzó a utilizar la informática en la gestión de los archivos; posteriormente comenzó a crecer la cantidad de documentos generados por los ordenadores, y se empezó a almacenar en el mismo formato electrónico en que habían sido creados, con lo que dio lugar a la aparición de documentos electrónicos de archivo.

Sin embargo, la informática no ha sustituido a los archivos tradicionales de carpetas y papeles, y en todas las empresas medianas hay departamentos exclusivos de archivo. Pero, ¿cuáles son los **criterios y reglas básicas** para organizar los documentos de una empresa u oficina?

 Importante

Hoy en día coexisten en las empresas los sistemas de archivo tradicionales con los informáticos, aunque la tendencia es que los sistemas electrónicos de archivo sean los predominantes.

Los expdientes de archivo se almacenan en carpetas y subcarpetas en las que se han de figurar los siguientes datos:

- Nombre del servicio y unidad. Ejemplo: facturas de clientes.
- Código y título de clasificación. Ejemplo: facturas de clientes de Málaga.
- Título propio de la serie. Ejemplo: facturas de clientes de Málaga cuyo nombre está entre las letras A y C.
- Años: año de apertura y cierre del expediente. Ejemplo: facturas de clientes de Málaga cuyo nombre está entre las letras A y C, año 2025.

Asimismo, si se quiere, puede constar el título propio del expediente y otras observaciones que se estimen necesarias.

Actividades

5. Visitar una agencia de viajes y describir cómo aparecen ordenados los folletos en los estantes.
6. Averiguar en qué consiste el plan estratégico de una empresa.

11. Estudios de optimización, realización y temporalización de viajes nacionales e internacionales

La **optimización** es buscar la mejor manera de realizar una actividad, como puede ser un viaje en el tiempo establecido, cumpliendo lo proyectado y al menor coste posible, con la plena satisfacción del cliente.

A continuación, se detalla una serie de consejos para llevar a cabo la optimización en los viajes:

- Ofrecer los mejores servicios a los viajeros con la calidad comprometida. No se debe rebajar la calidad en provecho de la empresa, pues la competencia puede arrebatar a los clientes.
- Reducir los costes en hospedaje. Usar los acuerdos para obtener más beneficio.
- Optimizar el gasto aéreo y de transporte terrestre. Intentar evitar los posibles retrasos usando líneas muy consolidadas.
- Una política de viajes bien diseñada junto con un cumplimiento adecuado de la misma por parte de los viajeros son la clave de un programa de viajes bien gestionado.
- Aumentar la consolidación del programa de viajes. Las empresas pueden disfrutar de un ahorro cuando mejoran el servicio y la seguridad, consolidando sus programas de viajes nacionales o internacionales. Hay que evitar las improvisaciones.
- Negociar los gastos en reuniones y eventos. Al integrar las reuniones y eventos dentro de su programa de viajes las empresas pueden lograr ahorros adicionales.

- Medir el rendimiento. Los gestores de viajes necesitan contar con medidas clave de rendimiento e informes ejecutivos actualizados para controlar el progreso de sus programas de viajes. Asimismo, es aconsejable medir el nivel de satisfacción de los viajeros.
- El estudio y la sincronización en el tiempo de cada componente del viaje de manera que no se produzcan retrasos ni *overbooking,* que ocasionen gastos innecesarios, produciendo malestar al viajero.

Todo este cúmulo de detalles hace posible la optimización de los viajes y a su vez fidelizar al cliente.

 Nota

El secreto de la fidelización pasa por conocer bien a los clientes a los que una empresa dirige sus productos.

Otros detalles a tener en cuenta a la hora de economizar un viaje son el coste del petróleo y de las divisas del país al cual se accede. El incremento brusco del coste del barril del petróleo o la subida del dólar americano con respecto al euro puede ocasionar un aumento considerable del precio del viaje, que la agencia debe repercutir al cliente siempre que esté reflejado en las cláusulas del contrato.

Estos detalles forman parte de la temporalización, incluyendo en este concepto el encarecimiento del producto debido a las temporadas. Hay que evitar viajar cuando la demanda es muy fuerte, ya que los servicios prestados pueden mermar en su calidad.

12. Resumen

Toda empresa debe realizar un informe de la misma, cuyo objetivo es presentar la realización de una determinada tarea relacionada con los aspectos económicos de la empresa. Dicho informe se debe realizar de forma ordenada y ser conciso en su contenido.

Una agencia de viajes necesita llevar una contabilidad. Para ello se vale de una serie de documentos y justificantes, que han de ser originales, y que sirven como comprobantes de las operaciones realizadas, siendo los datos aportados correctos. Este justificante puede ser en forma de contrato, factura, nota de entrega, albarán (valorado y sin valorar), factura proforma o factura definitiva.

Hay una serie de requisitos legales que se aplican a las facturas, como son: la emisión de una factura con cada envío, ha de incluir el Impuesto sobre el Valor Añadido (IVA), las facturas han de ser correlativas, etc.

Por otra parte, la mayoría de las empresas, incluidas las agencias de viajes, tienen firmados con sus proveedores acuerdos de carácter general que fomentan los lazos mercantiles entre las partes. Se debe realizar un seguimiento sobre los acuerdos alcanzados para de este modo conocer el cumplimiento de los compromisos asumidos por ambas partes.

Una herramienta de gran importancia para una empresa es el archivo, pues en él se guarda información de un modo organizado, que ha de estar disponible en cualquier momento, y para los diferentes departamentos de la entidad.

Para la fidelización de clientes, una agencia de viajes debe realizar un estudio de optimización, realización y temporalización de viajes nacionales e internacionales.

Ejercicios de repaso y autoevaluación

1. **De las siguientes frases, indique cuál es verdadera o falsa.**

    a. La clave del éxito de un informe económico radica en la habilidad de sintetizar su contenido.

        ☐ Verdadero
        ☐ Falso

    b. El informe económico consta de índice, nudo y desenlace.

        ☐ Verdadero
        ☐ Falso

    c. Cuando se realiza un informe económico no es necesario presentar las conclusiones finales.

        ☐ Verdadero
        ☐ Falso

2. **Complete la siguiente frase:**

Un informe económico es el conjunto de _____ que constituyen un _____ o análisis sobre la situación _____ de una empresa. En dichos informes se analizan aspectos como la solvencia, _____ o la viabilidad de la empresa. En su confección se usan herramientas como _____, _____, etc., de manera que contribuyan a la _____ de lo expuesto en el informe.

3. **Relacione los siguientes conceptos:**

Albarán valorado	Va acompañado de la factura.
Justificante	No suele ir acompañado de la factura.
Albarán sin valorar	Documento que sirve como comprobante de una operación realizada.

4. Busque en la siguiente sopa de letras nueve términos relacionados con los justificantes.

T	C	E	N	G	T	K	O	E	T	H
B	A	O	B	G	D	E	I	Ñ	F	C
T	E	D	N	A	S	B	K	D	O	D
R	F	A	C	T	U	R	A	C	B	E
E	V	M	G	A	R	A	N	T	I	A
N	A	R	A	B	L	A	B	E	C	T
O	O	R	A	G	E	R	T	N	E	N
G	K	Z	A	M	R	O	F	O	R	P

5. ¿De qué partes consta un informe económico?

_____
_____
_____
_____

6. Complete la siguiente definición:

Una factura es un _____ de carácter _____ donde se relacionan los _____ incluidos en una operación comercial, detallando el _____, la _____, la medida, el peso, etc., de los mismos.

7. ¿En qué consiste la optimización de un servicio?

_____
_____
_____
_____

8. La garantía de un bien de naturaleza duradera nunca puede ser inferior a...

    a. ... dos años.
    b. ... tres meses.
    c. ... seis meses.
    d. ... los bienes de naturaleza duradera no tienen garantía.

9. ¿Qué tipos de descuentos puede aplicar el proveedor al comprador?

_____
_____
_____
_____
_____
_____
_____

10. Las facturas tienen que cumplir unos requisitos legales. Señale si es verdadero o falso.

    a. La factura tiene que incluir el IVA.

        ☐ Verdadero
        ☐ Falso

    b. Los empresarios tienen dos libros de registro de facturas.

        ☐ Verdadero
        ☐ Falso

    c. Los clientes tienen que conservar las facturas cinco años a partir de la fecha de haber sido emitidas.

        ☐ Verdadero
        ☐ Falso

    d. Las facturas emitidas por una empresa han de ser correlativas.

        ☐ Verdadero
        ☐ Falso

11. ¿Cuál es la diferencia entre factura y albarán?

_____
_____
_____
_____

12. ¿Qué criterios metodológicos debe cumplir un sistema de clasificación de archivos?

_____
_____

13. ¿Qué funciones debe cumplir un archivo?

_____
_____
_____
_____

14. Enumere las etapas de un plan estratégico.

_____
_____
_____
_____
_____
_____
_____

15. Complete la siguiente definición:

El plan estratégico de *marketing* es un documento _____ en el que de una forma estructurada se concretan los _____ comerciales a _____ en un periodo de tiempo estipulado, y se especifican las _____ y acciones que se van a acometer para _____ en el plazo previsto.

Capítulo 5
Protocolo nacional e internacional y usos sociales

Contenido

1. Introducción

En la sociedad actual, diariamente se generan contactos entre personas e instituciones tanto a nivel nacional como internacional. Estos contactos se caracterizan por una serie de peculiaridades que favorecen un clima de entendimiento y buena voluntad, incidiendo así en la necesidad de cortesía y buenas maneras en la relación entre los participantes.

El protocolo es el encargado de normalizar y establecer las conductas a seguir en cada situación. Al hablar de protocolo se ha de puntualizar que estas prácticas se han desarrollado durante miles de años, y de igual modo que los tiempos cambian, las formas de comportamiento de las diferentes sociedades también lo han hecho.

Este conjunto de normas de convivencia y comportamiento nació hace siglos y se ha convertido en una práctica común para la buena comunicación, y para garantizar la convivencia y las relaciones entre distintas sociedades, ya sea a nivel público o privado. De hecho, uno de los campos en que el protocolo desarrolla su actividad es a través de la diplomacia, es decir, mediante la ciencia o conocimiento de los intereses y relaciones de unas naciones con otras.

2. Invitaciones en España y en el extranjero

En este apartado se va a tratar el tema de las invitaciones tanto en España como en el extranjero. La invitación, o acto de llamar a alguien para un convite o para asistir a algún evento, se rige por unas reglas que se han de tener en cuenta para que estas invitaciones, tanto sociales como empresariales, tengan el debido éxito. Las invitaciones se deben realizar con un mes de antelación, para dar tiempo suficiente a los invitados, así como para conocer su número exacto y poder organizar el evento lo mejor posible.

Existen ya invitaciones impresas de distintos modelos donde los datos de los invitados, fecha, hora y lugar de la invitación se rellenan a mano, pero siempre deben seguir unos pasos que conviene recordar:

1. Poner el nombre del organizador, o bien el logotipo de la empresa organizadora, en la parte superior de la invitación.
2. Nombre del huésped o invitado para el evento, si se incluye acompañante, señor/a, incluso familia.
3. Invitación propiamente dicha: motivo.
4. Proporcionar información sobre el evento.
5. Poner el lugar o dirección, la fecha y la hora exacta del evento.
6. Proporcionar instrucciones especiales si se requieren. Por ejemplo, referentes a vestuario.
7. Contestación a la invitación: "S. R. C.". Esta abreviatura significa se ruega contestación, seguida del teléfono o la dirección donde se deben dirigir.

En algunos países, se ha adoptado la fórmula francesa R. S. V. P. *(répondez s´il vous plaît)*, "responda por favor", pero en España y en otros países de lengua española se emplea las siglas S. R. C. También existen otras formas de contestar a una invitación; es tradición en algunos países anglosajones escribir *"regrets only"* para que telefoneen únicamente los que no pueden asistir.

Cada país tiene sus propias costumbres referentes a la vestimenta más adecuada. Por eso, cuando una persona es invitada por primera vez a un país que desconoce debe informarse sobre la ropa adecuada para la ocasión; ello hace que el invitado encaje en ese ambiente determinado y, además, le aporta seguridad.

En las cartas de invitación suele aparecer una nota en el pie de página en la que se orienta sobre la vestimenta adecuada para ese evento. Asistir como lo demanda la ocasión es un acto de cortesía hacia la persona que invita. A continuación, se presentan ejemplos por países:

Países	Mañana/tarde	Noche	Gala
España	Chaqué	Esmoquin	Frac
Francia	*Jaquette*	*Smoking*	*Habit de gala*
Reino Unido	*Morning coat*	*Black tie*	*White tie*

Ejemplos de trajes de etiqueta para hombres en España

Chaqué   Esmoquin   Frac

 Definición

Traje de etiqueta
Vestuario indicado para actos sociales y ceremonias formales de alto nivel, cuya utilización se establece de acuerdo a las normas de protocolo que se indican en la tarjeta de invitación.

Correspondencia del vestuario masculino-femenino	
Hombres	Mujeres
Frac	Vestido largo
Chaqué	Vestido corto
Esmoquin	Vestido cóctel o de noche
Traje	Vestido cóctel o corto

El **frac** es la vestimenta masculina reservada para la gran gala, la noche y únicamente en lugares cerrados; es el traje de máxima etiqueta. Se utiliza en eventos diplomáticos, académicos y, sobre todo, en las cenas de gala que cuentan con la presencia de reyes.

El **chaqué** es el adecuado para las ceremonias o eventos diurnos hasta las siete de la tarde. Actualmente, es una vestimenta muy usual para las bodas.

El **esmoquin** es el traje de etiqueta para las celebraciones nocturnas, cenas, bailes, fiestas, etc.

3. Forma y contestación de las invitaciones

Se ha de responder a las invitaciones lo antes posible, ya que la tardanza puede ocasionar una descortesía hacia la persona que realiza la invitación. La contestación debe hacerse de la forma en que venga explícita en la invitación aunque la manera más sencilla y usual es la confirmación por teléfono. También se puede contestar por correo, por carta, pero esta forma es más lenta e imprecisa, ya que las cartas pueden tardar más de una semana en llegar a su destino e incluso extraviarse; por tanto, no es una forma recomendable de hacerlo.

Últimamente se está imponiendo el correo electrónico como forma de confirmación, siendo esta rápida, precisa y segura.

En algunas invitaciones la forma de confirmar la presencia en el evento es con el silencio, es decir, las personas que acudan al evento no tienen que hacer nada. En cambio, son las personas que no pueden acudir, las que tienen que anular la invitación. Es una forma de simplificar el trámite, ya que lo usual es que acudan todos, menos excepciones.

En cualquier caso, siempre es aconsejable la confirmación expresa, seguida del siguiente agradecimiento.

Una vez confirmada la contestación a la invitación, hay que tener una serie de precauciones para corresponder con el anfitrión de la invitación:

- Acudir puntual a la cita.
- Vestirse de la forma más adecuada.

- Llevar un presente como agradecimiento o enviarlo a la dirección oportuna, sin olvidar acompañarlo de una tarjeta identificativa.
- Buscar al anfitrión nada más llegar al punto de encuentro.

UNIVERSIDAD TECNOLÓGICA DE PEREIRA

El Rector

Tiene el gusto de invitar

A: _____

Al acto de imposición de la mención institucional Egresado Distinguido al señor Juan López, el día sábado 19 de agosto, a las 17:00 horas, en el Auditorio Jorge Roa Martínez de la Universidad Tecnológica de Pereira.

Vino de Honor   Traje Oscuro
S.R.C. Tel: 3137284   Pereira, 2028

Las siglas S.R.C. significan "Se ruega confirmación". Debe avisarse por lo menos con 48 horas de anticipación.

 Recuerde

El diccionario de la Real Academia Española, define *anfitrión* como: (de *Anfitrión,* rey de Tebas, espléndido en sus banquetes) persona o entidad que recibe en su país o en su sede habitual a invitados o visitantes; y persona que tiene invitados a su mesa o a su casa.

4. Obligaciones con los visitantes

Un anfitrión debe saber crear un ambiente agradable entre todos sus invitados. A continuación, se exponen unos consejos y recomendaciones que todo anfitrión ha de tener en cuenta para la consecución de ese ambiente grato durante la velada:

- La primera norma de cortesía de los anfitriones es saludar a cada persona afectuosamente, con un apretón de manos o un beso, y unas palabras de bienvenida. Debe recibirlos en la puerta y hacer las presentaciones oportunas entre aquellos invitados que no se conocen.
- Ser agradable, educado y simpático.
- Procurar conversar con todos los invitados.
- Saber colocar a los asistentes. No colocar juntas a personas que se intuye no tienen mucha afinidad; hay que intentar agrupar a la gente según intereses comunes y buenas posibilidades de interacción.
- Saber cómo actuar ante cualquier situación, por incómoda que pueda ser (discusiones, invitados que han bebido más de la cuenta, etc.).
- Interactuar con todos los asistentes, de modo que se les haga sentir cómodos.
- Elegir un menú y bebida que se adecue a la celebración, así como a la época del año y al gusto de sus invitados. También hay que cuidar la decoración y el ambiente general.
- No relajarse ni sentarse hasta que esté todo el mundo sentado o acomodado.
- Toda la casa ha de estar en perfectas condiciones, especialmente las zonas a las que pueden acceder los asistentes.
- Atender y facilitar el movimiento a personas que tengan alguna minusvalía o personas mayores, etc.
- Nunca se debe hacer esperar a una persona que viene de visita, a menos que se esté ocupado con personas de más categoría, o en asuntos públicos.
- Es descortés dejar de pie a las personas que vienen de visita; el anfitrión no debe sentarse hasta que las personas que le visitan estén acomodadas.
- De igual modo, hay que recibir a los invitados en la puerta, y es muy importante acompañarlos a ella cuando se marchen.

El anfitrión ha de recibir y despedir a los invitados, así como recoger y entregar los abrigos.

5. Protocolo y comunicación en países de religión musulmana

El protocolo es un conjunto de reglas establecidas que rige el buen comportamiento del hombre en la sociedad. Javier Pérez Portabella, en el II Congreso Internacional de Protocolo de Sevilla, definió el protocolo como:

El conjunto de normas consensuadas dependientes de la jurisprudencia, la tradición y el sentido común de los países que determinan el orden jerárquico de las autoridades en los actos oficiales, los programas que siguen estas en sus visitas, su vestimenta, sus comportamientos, todo lo que muestra la imagen y el poder.

El protocolo implica:

- Consenso.
- Organización.
- Sentido común.
- La existencia de unas normas regladas, o bien, fruto del uso y la costumbre.

El hombre, como ser social que es, para regular sus relaciones con los demás miembros de la sociedad, ha establecido costumbres y normas que deben ser respetadas, facilitando así la organización de las actividades comunes y evitando posibles conflictos.

La religión musulmana o islámica se profesa en aquellos países que tienen el islam como religión mayoritaria. En el siguiente mapa se reflejan dichos países. Básicamente son países del norte de África y la zona oeste de Asia, con una población total de 1.200 millones de musulmanes.

Países de religión islámica

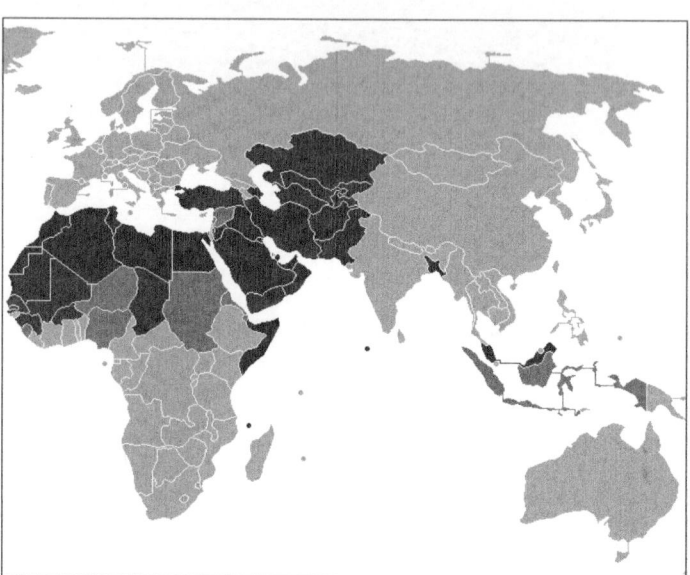

En estos países el islam rige la vida cotidiana. Este estilo de vida se extrapola a todos los ámbitos: política, cultura, justicia, sociedad, costumbres, negocios, indumentaria, incluso las costumbres de higiene y de vestimenta correcta están reglamentadas por el Corán para no ofender a Dios.

 Nota

Las costumbres musulmanas y su civilización son muy diferentes a las occidentales.

Asimismo, prohíbe el consumo de alcohol y determinados alimentos como el cerdo y sus derivados. En estas sociedades, el papel de las mujeres se mantiene en un segundo plano.

Las sociedades musulmanas son patriarcados que se caracterizan por el respeto a los padres y a los mayores. Un pilar básico de estas culturas es la familia, que sigue siendo un elemento fundamental a la hora de tomar decisiones.

Como se ha dicho anteriormente, en los países musulmanes la religión es el eje de cualquier actividad, ya que establece los comportamientos y normas a seguir, es decir, su protocolo. Cualquier acto social, ya sea público o privado, se basará en lo establecido en el Corán.

Para ciertos sectores árabes, la mujer no tiene cabida en el mundo laboral, consideran que su lugar está en el hogar. Los árabes no suelen reunirse con las esposas en las comidas de trabajo o formales. Según algunos autores, lo más adecuado es no prestarle demasiada importancia, ya que para esta sociedad la figura femenina permanece siempre a la sombra.

Con respecto al **saludo,** existen diversos tipos de saludos, el más formal y quizá el más conocido es *"assalam alaikum",* que viene a significar "la paz esté contigo", a lo que la otra persona debe siempre responder *"alaikum assalam".* Este saludo se completa con un estrechamiento de manos.

En algunos países islámicos, las mujeres no pueden compartir la mesa con sus esposos en un restaurante, de hecho, en ciertos establecimientos de Arabia Saudí las mujeres comen junto con los niños en otro salón del mismo restaurante. Sin embargo, en el hogar sí comparten la mesa.

El Corán también se ocupa del protocolo social. Por ello regula los hábitos de higiene en relación con la oración y especifica cuál es la vestimenta adecuada para no ofender a Dios.

Algunas normas que dicta el Corán sobre la mesa árabe son:

- Lavarse bien las manos antes de comer.
- No beber alcohol ni comer cerdo.
- Comer siempre con la mano derecha, ya que la izquierda es considerada impura.
- No usar tenedor y cuchillo al mismo tiempo.
- Dejar algo de comida en el plato, el caso contrario es señal de que el invitado se ha quedado con hambre.
- No cruzar las piernas en la mesa ni mostrar la suela de los zapatos, ya que es considerado un insulto.
- Tras comer, el árabe se levanta y se va a otra habitación para fumar, tomar té, etc., pero nunca se queda en la mesa.

En cuanto al atuendo en el mundo musulmán, el **hiyab** es un código de vestimenta para las mujeres islámicas. Según este código, dictado en el Corán, la mujer debe cubrirse la mayor parte del cuerpo mediante los diferentes tipos de prendas, de acuerdo a la zona y época. Estas no pueden ser ni estrechas ni transparentes, tampoco pueden usar ropa masculina. Algunas de estas prendas son:

- **Niqab:** velo propio de los países del Golfo Pérsico.
- **Burka:** forma de ropa tradicional de las mujeres afganas. Se trata de un velo que se ata a la cabeza, y que cubre la cara a excepción de una raja en los ojos para que la mujer pueda ver a través de ella.
- **Chador:** es el *burka* completo.
- **Hiyab:** en la actualidad se designa con este nombre a una prenda específica moderna, también conocida como velo islámico.

El embellecimiento y la elegancia no son meramente permitidas, sino que son requeridas por el islam.

En el hombre la vestimenta es más flexible, pero es usual el turbante en la cabeza y la chilaba, especie de túnica suelta con mangas largas.

Desde el punto de vista islámico, la vestimenta tiene dos propósitos: cubrir el cuerpo y embellecer la apariencia.

Los colores predominantes en la ropa árabe son el blanco y tonos arena. Son tejidos ligeros y cargados de adornos y bordados. Por el contrario, los pueblos nómadas se caracterizan por llevar ropa más oscura; en estos casos los colores más usuales son el negro, morado o granate. Sus indumentarias están compuestas por varias capas cuyo fin es protegerse del calor y evitar la deshidratación del desierto.

El uso de adornos dorados y seda pura está prohibido para los hombres, y no para las mujeres.

Normalmente es obligado **descalzarse** a la entrada de templos religiosos, los zapatos están prohibidos en las mezquitas. Acostumbran a descalzarse cuando entran en algún sitio cerrado y se sienten más cómodos si el invitado hace lo mismo. En las casas particulares es normal que ofrezcan una especie de zapatillas para estar, si no es así, hay que descalzarse.

El **rezo** constituye uno de los cinco pilares del islam oficial basado en el Corán, e implica la oración (*Salat*) cinco veces al día (al amanecer, al mediodía, a media tarde, al anochecer y a medianoche), preferiblemente en la mezquita, y siempre mirando a La Meca. Además hay una oración colectiva semanal que se celebra los viernes, día de descanso semanal, en la mezquita, después de las abluciones. El horario de las oraciones se puede variar o incluso concentrarse al final del día por necesidades laborales, aunque no es lo idóneo. El seguimiento de la obligación del rezo dentro de las prácticas sociales es bastante elevado. Las mezquitas están consideradas lugares de oración, pero también de consejo, de reunión, de ayuda y acogida.

 **Definición**

Ablución
Es una purificación ritual de algunas partes del cuerpo antes de la celebración de algún acto religioso.

El término árabe hace referencia tanto a la persona que vive en los países ubicados en la península arábiga como a la que tiene el idioma árabe como lengua materna. En cambio, el término musulmán se refiere a la persona que profesa la religión islámica.

Se debe diferenciar entre árabe y musulmán, de hecho, el país con más musulmanes del mundo, más que en todos los países árabes sumados, es Indonesia, un país no árabe.

Los regalos u **obsequios** son imprescindibles cuando una persona es invitada a una casa. Hay que cumplir con los anfitriones llevando algún tipo de obsequio o algún producto típico del país de origen.

El árabe es la **lengua** oficial del islam, con una grafía totalmente diferente a la occidental. El francés puede sustituir al árabe como lengua de comunicación en algunas ocasiones. Estas son algunas expresiones típicas árabes:

Expresiones	Pronunciación	Escritura
La paz sea contigo	Assalam alaikum	السلام عليكم
Contigo sea la paz	Alaikum assalam	و عليكم السلام
Hola	Marhaban/ahlan	مَرحَباً / أهلاً
Adiós	Ma'a ssalamah	مَع السَّلامة
Por favor	Min fadlik	مِن فضلّك
Gracias	Shukran	شُكراً
Buenos días	Sabahul jair	صَباحُ الخَير
Si	Na'am	نَعم
No	Laa	لا
¿Cómo se llama?	Ma Ismuk?	ما اسْمُك؟
Mi nombre es ...	Ismi	اسمي
¿Cómo está?	Kaifa haluk?	كيف حالك؟
Bien	Alhamdu lillah	الحَمْدُ لله
Uno	Wahid	واحِد
Dos	Iznain	إثْنان

Recuerde

Los habitantes de Arabia se suelen cubrir el rostro de algún modo en señal de respeto. Esta es una costumbre que viene de la época de su primer Califa, Yibril, quien después de haber liberado a su pueblo se cubrió la mitad del rostro en señal de duelo por la pérdida de *Kaaba*.

Actividades

1. Buscar en revistas imágenes con diferentes tipos de trajes de etiqueta.
2. Indicar cinco países que sean islámicos pero no árabes.

6. Protocolo y comunicación con países de Hispanoamérica

Hispanoamérica está constituida por el conjunto de países americanos que tienen el español como lengua oficial, con una población total de 400 millones de hispanohablantes. Se trata de países que tienen con España el nexo en común del idioma, pero sus costumbres nativas están muy arraigadas.

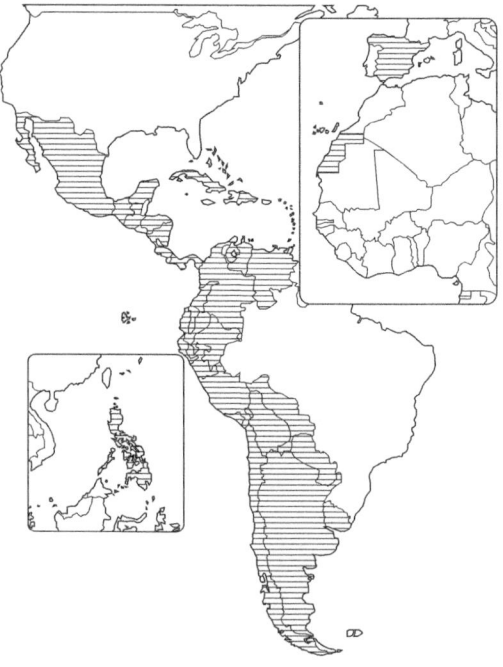

El castellano es la lengua oficial de más de treinta países, principalmente en américa además de España.

El latinoamericano es una persona que se caracteriza por su marcado carácter **hospitalario,** ya que tiene una predisposición innata a acoger a personas y compartir con ellas lo que tiene, especialmente entre los pobres.

Los hispanoamericanos son personas muy educadas y es costumbre saludar siempre que se entre o se salga de un sitio, sobre todo en recintos cerrados.

 Ejemplo

En las oficinas estatales se saluda educadamente al funcionario antes de hacerle cualquier tipo de pregunta.

El **saludo** más usual entre los latinoamericanos es el apretón de manos, así como los abrazos entre los hombres. En cuanto el saludo a las mujeres, es habitual el beso en la mejilla o en la mano. Los saludos son considerados como formas de expresión bastante cercanas en la mayoría de estos países.

La **comida** latina tiene diferentes características dependiendo de la región, pero algo que la distingue del resto de las cocinas es su tendencia a ser picante. Las costumbres de protocolo a la hora de sentarse a la mesa son iguales que las occidentales, es decir, las existentes en España.

Con respecto a la **vestimenta,** cada vez más se rigen por las características de occidente y no debe haber diferencias en protocolo.

En cuanto a la **religión,** el pueblo hispanoamericano es muy religioso, profesa el catolicismo, llamado catolicismo popular, que está fusionado con el culto de los antepasados de raíces indígenas.

Los **obsequios** o **regalos** son una forma de agradecer y satisfacer. Los regalos en Hispanoamérica también cumplen una verdadera función social, ya sea a nivel familiar, como laboral o empresarial. Tener un detalle con otra persona es una muestra de cortesía y buena educación.

En relación a la **comunicación,** todos estos países tienen en común el idioma, pero debido a la diversidad y riqueza del español hay ciertas palabras que pueden dar lugar a malentendidos o significados contradictorios, como por ejemplo:

Palabras	Significado
Carajito	Niño en Venezuela
Antier	Anteayer en Venezuela
Carro	Coche en Cuba
Chiripa	Suerte en varios países
Cacho	Teléfono en Honduras
Choro	Mentira en México
Chulo	Bello, hermoso en Argentina y México
Coleto	Auto colectivo en Chile
Bonche	Problema en El Salvador

 Actividades

3. Indagar la repercusión que tiene la civilización maya en la cultura de Hispanoamérica hoy en día.
4. Señalar las formas de saludo en países extranjeros que se conozcan.

7. Protocolo y comunicación en diversos países

Una vez estudiado el protocolo en la cultura occidental, musulmana e hispanoamericana, queda el estudio del protocolo en la cultura oriental, principalmente China, Japón e India, con una población cercana a los 3.000 millones de habitantes, comprendiendo la zona geográfica descrita en el siguiente mapa:

Mapa de países pertenecientes a la cultura oriental

 Nota

El mundo occidental es el que está formado por Europa, América, Australia, Nueva Zelanda y Sudáfrica. Estos países contemplan la separación entre religión y Estado. Son países monoteístas y su economía se basa en el capitalismo.

Para abordar la cultura empresarial en estos países se necesita vencer las dificultades que presentan las barreras lingüísticas, culturales y empresariales.

Buscar un socio local o aprender a manejarse con conexiones sociales son algunas de las recomendaciones fundamentales en los negocios.

Es conocida la fama de los orientales sobre las tradiciones y costumbres y, evidentemente, de la **hospitalidad,** ya sea en las reuniones de trabajo, en comidas o cenas de empresa o en su vida social.

El modo de saludarse en Oriente está cada vez más occidentalizado. Cuando se entra a una reunión se da la mano como en el resto de los países, pero a diferencia, los orientales hacen una ligera inclinación con la cabeza cuando saludan, pero no utilizan el contacto físico, es decir, no dan abrazos o echan la mano por encima a otra persona. Asimismo, es normal quitarse los zapatos al entrar en una casa como señal de respeto hacia el anfitrión.

Las relaciones personales están muy influenciadas por las ideas de "honor, obligación y deber". En situaciones familiares, escolares y de amistad las concepciones de "moralidad y conductas deseables" son menos practicadas; todo lo contrario es en la relación con un superior o personas desconocidas.

La **comida** difiere bastante de la tradicional que se realiza en cualquier país occidental, pero lo más llamativo es la utilización de los palillos como cubiertos en China. Estos se utilizan tanto para comer como para servirse. Los palillos ni se chupan ni se muerden, ni se utilizan para pinchar, ni se dejan clavados en un cuenco dentro del arroz. Con los palillos no se gesticula ni se señala a nadie. Tampoco se dejan en la mano para beber, deben soltarse de la mano si no se utilizan para comer.

Con respecto a la **vestimenta,** en Oriente se visten igual que en Europa o en América, sus tradiciones son cada vez más occidentales. Los trajes típicos son:

- En China y Japón el vestuario tradicional es el kimono.
- En la India, la vestimenta clásica son el *"sari"* (vestido drapeado) de las mujeres, y el *"dhoti"* de los hombres. En sitios públicos y religiosos se ha de evitar la exposición de la piel y vestir ropas transparentes o ajustadas.

Trajes típicos de Oriente; de izquierda a derecha: Dhoti, sari y kimonos

La **religión** es politeísta predominando el budismo, confucianismo y el taoísmo:

- En China la religión es politeísta y con ciertos elementos del chamanismo, y está profundamente influida por el budismo, el confucianismo y el taoísmo.
- En Japón, el budismo es la religión ligeramente mayoritaria; el sintoísmo es la segunda religión en número de seguidores.
- La India es el país con mayor cantidad de hindúes, vainas, sijes, zorastrianos y bajáis; es el tercer país con mayor cantidad de musulmanes.

 Definición

Confucianismo
Conjunto de creencias y prácticas religiosas establecidas por Confucio en China en el siglo VI a. C.

En relación a los regalos y los **obsequios,** también cumplen la función de agradecimiento tanto en el mundo laboral como en el empresarial.

En la cultura oriental, **la comunicación** depende del idioma del país en concreto, no existiendo un idioma que les una. El inglés puede ser un idioma sustituto para la comunicación en el mundo empresarial. Los caracteres del idioma chino tienen una antigüedad fechada en 3.000 años antes de Cristo. **Los idiomas oficiales** en India son el hindi y el inglés; en China es el mandarín y en Japón el japonés.

En la siguiente tabla aparecen algunas expresiones chinas actuales:

Expresiones	Pronunciación	Escritura
Hola, qué tal	Nǐhǎo	你好
Adiós	Zàijiàn	再见
Gracias	Xièxie	谢谢
De nada, no hay de que	Bú kèqi	不客氣
Hasta mañana	Mìngtián jiàn	明天見
Mi nombre es Zhāng	Wǒ jiào Zhāng	我叫張

8. Diplomacia en la Unión Europea

La diplomacia es la ciencia que estudia las relaciones internacionales que tienen unos países con otros con el fin de promover la negociación, cultivar una mentalidad universal fomentando la cooperación y facilitar acuerdos en los más diversos campos de la política.

La Unión Europea es una asociación de países europeos que colaboran en su economía y en su política para intentar mejorar la vida de sus ciudadanos. En su composición, la Unión Europea se rige por un sistema interno de democracia representativa. Sus instituciones son siete:

1. **El Parlamento Europeo.** Ejerce la función legislativa junto con el Consejo de la Unión Europea. Es la institución parlamentaria que representa directamente a los ciudadanos de la UE.
2. **El Consejo Europeo.** Está formado por los veintisiete jefes de Estado o de Gobierno de los Estados de la Unión, más su presidente y el presidente de la Comisión Europea.
3. **El Consejo.** En él están representados los gobiernos nacionales de los veintisiete Estados miembros a través de sus ministros. Junto con el Parlamento Europeo ejerce la función legislativa y presupuestaria.
4. **La Comisión Europea.** Es el órgano ejecutivo de la UE, que se encarga de proponer la legislación, la aplicación de las decisiones y la defensa de los Tratados de la Unión, etc.
5. **El Tribunal de Justicia de la Unión Europea.** Ejerce el poder judicial en la UE. Su misión es interpretar y aplicar el Derecho de la UE.
6. **El Tribunal de Cuentas.** Es la institución de la UE, con sede en Luxemburgo, que se encarga de fiscalizar y controlar las cuentas de la UE.
7. **El Banco Central Europeo.** Es el encargado de organizar la política monetaria en los 17 países miembros de la eurozona.

La UE también tiene su propio servicio diplomático exterior, el Servicio Europeo de Acción Exterior (SEAE). Algunos de sus cometidos son apoyar y asistir en el ejercicio de sus funciones al Alto Representante (Ministro de Asuntos Exteriores de la Unión), como máximo responsable de la acción exterior de la Unión, en todos los ámbitos de su actividad. El Servicio Europeo de Acción Exterior es el primer servicio diplomático multinacional, y uno de los más grandes del mundo.

 Definición

Eurozona
Es el conjunto de estados miembros o no de la Unión Europea que han adoptado el euro como moneda oficial, formando así la unión monetaria.

El Alto Representante es el jefe de la diplomacia comunitaria, que se encarga de coordinar la acción exterior de la Unión en el seno de la Comisión Europea y de las relaciones internacionales.

9. Decálogo del protocolo empresarial internacional

La empresa, a la hora de internacionalizarse, debe conocer las reglas del juego social y comercial de sus socios. Puede afirmarse que el objetivo último del mejor conocimiento del protocolo internacional, y concretamente de los usos y costumbres de las culturas con las que se va a negociar, es el de maximizar los beneficios futuros de la empresa. A continuación, se presenta un decálogo orientativo para la internacionalización de las empresas y su protocolo:

1. **Un mundo globalizado.** De igual manera que en los negocios internacionales el inglés es el idioma oficial para la comunicación entre personas que hablan diferentes lenguas, puede decirse que el protocolo occidental, más concretamente el europeo, se ha estandarizado como el oficial en las reuniones interculturales.
2. **Allá donde fueres, haz lo que vieres.** Esta quizás sería la norma por excelencia en cuanto al protocolo multicultural. La explicación y asimilación total de los matices de las costumbres, ritos y protocolos aplicados en cada cultura es tan compleja y difícil de explicar, que el mejor consejo de todos es dejarse llevar por las circunstancias e imitar a los interlocutores.

3. **La imagen personal:**

   ▪ La vestimenta adecuada a cada evento.
   ▪ La etiqueta masculina y femenina.
   ▪ El lenguaje corporal y verbal.
   ▪ El saber hablar en público y al público.

4. **Imagen corporativa y el protocolo empresarial.** Una imagen corporativa internacional constituye el medio idóneo de fomentar la colaboración y la cohesión de la empresa y su imagen exterior. Las normas de protocolo ayudan a mejorar la cuenta de resultados en las empresas.

5. **El arte de ser un profesional.** Hay que ser ejecutivo y diplomático a la vez, tener relaciones internacionales o personas de contacto y la capacidad de llevar los objetivos empresariales a buen fin.

6. **El conocimiento de la lengua, las costumbres, prácticas, tradiciones y cultura.** El conocimiento de estos aspectos ayuda en gran modo al protocolo internacional empresarial.

7. **Negociación presente y futura.** Se ha negociar para el beneficio presente y futuro, y la satisfacción de todas las partes.

8. **Respetar los compromisos adquiridos.** Es preciso respetar los compromisos que se hayan adquirido, así como los acuerdos, contratos y la palabra dada, salvaguardando la honestidad de los participantes.

9. **Buenas relaciones con los medios de comunicación.** Las buenas relaciones con los medios de comunicación ayudan a la exteriorización de las empresas y con las relaciones empresariales internacionales y su protocolo.

10. **Regalos de empresa y obsequios.** Los regalos suelen ser una muestra de agradecimiento o felicitación hacia las otras personas o empresas. Su elección debe cuidarse para no causar malestar o interpretarlo como un soborno. Por eso hay que tener mucho cuidado con lo que se regala y a quién se regala.

El protocolo aporta a la empresa valores fundamentales añadidos, entre los que se pueden destacar los siguientes elementos:

- **Imagen:** ayuda a divulgar la imagen de la empresa a través de actos y apariciones públicas.
- **Proyección:** ayuda a la proyección social de la empresa, ya que contribuye a mejorar las relaciones con el público.
- **Comunicación:** facilita la comunicación de los mensajes de la empresa de modo efectivo.
- **Procedimiento:** el protocolo establece unas normas y unas técnicas de organización, es decir, unos procedimientos de actuación que aportan calidad a los actos y a las relaciones.
- **Rentabilidad:** el protocolo de empresa es una herramienta que logra aumentar los beneficios de la misma, optimizando el resultado de cada evento.

■ **Prestigio:** el protocolo ayuda a conseguir una imagen favorable de la empresa como consecuencia de una actuación excelente.

Actividades

5. Averiguar qué países pertenecen a la eurozona, es decir, tienen el euro como moneda, y no pertenecen a la Unión Europea.
6. Indicar cinco países pertenecientes a la cultura oriental.

Aplicación práctica

Redacte una invitación para la empresa UNIÓN S. A., que pretende celebrar su vigésimo quinto aniversario y con ello publicitarse. Dicha invitación se va a cursar a todos los proveedores usuales, así como a medios de comunicación y autoridades.

Datos de la invitación:

I Fecha de la invitación: en Murcia, 2 de marzo de 20XX.
I Lugar de celebración: Hotel Acapulco.
I Día y hora del evento: 7 de abril de 20XX, a las 8 de la tarde.
I Dirección del hotel: en Murcia, en la calle Padres Trinitarios s/n.
I Persona a la que va dirigida la invitación: Ángeles Ortiz Luque.

Datos de la empresa Unión:

I Nombre del director de la empresa: Manuel Fernández López.
I Dirección: Avenida Escultor Salzillo, 21 de Murcia.
I El teléfono: 91253786.
I *e-mail:* union@gmail.com

Continúa en página siguiente >>

<< Viene de página anterior

SOLUCIÓN

CARTA DE INVITACIÓN

UNIÓN S. A.
Av. Escultor Salzillo, 21 Murcia
Manuel Fernández López, Director de la Empresa

Murcia 2 de Marzo de 20XX

Estimado Señor/a Don/a: Ángeles Ortiz Luque

Tenemos el gusto de invitarle a la celebración del 25 Aniversario de la fundación de nuestra Empresa, que tendrá lugar el día 7 de abril de 20XX a las 8 de la tarde en el hotel Acapulco, sito en la calle Padres Trinitarios s/n de Murcia. El Evento consistirá en una cena y unas palabras de nuestro Presidente.

Contamos con su presencia y rogamos nos confirme la misma antes del día 29 de marzo al teléfono 91253786 o bien por e-mail union@gmail.com

Aprovecho la ocasión para remitirle mi más cordial saludo.

Fdo: Manuel Fernández

---

10. Resumen

En la actualidad, se vive en una sociedad que genera continuamente contactos tanto entre particulares como países. Para que estas relaciones surtan el efecto oportuno se han de tener en cuenta una serie de normas de actuación y convivencia a seguir; asimismo hay que tener cuidado en el modo en que se han de enviar las invitaciones y la forma de contestar a las mismas.

Una vez confirmada la asistencia a un evento, el invitado tiene una serie de obligaciones hacia su anfitrión; así mismo, este último tiene unas obligaciones con sus visitantes.

Según la cultura a la que pertenezca un país, este se regirá por unas normas de protocolo que implican consenso, organización, sentido común y la existencia de unas normas regladas.

Así se da el caso de los países con religión musulmana, en los que el islam rige la vida cotidiana: la cultura, la política, la justicia, la indumentaria, la alimentación, etc. Muchos de estos países tienen en común la lengua árabe, pero no todos los países musulmanes son árabes.

Con respecto a los países de Hispanoamérica, estos tienen como lengua oficial el español y las costumbres son similares a los países occidentales. Sin embargo, países asiáticos como China, Japón e India tienen grandes diferencias a nivel de protocolo.

El protocolo tiene su reflejo en las relaciones entre países mediante la diplomacia, que es la ciencia que estudia las relaciones internacionales que tienen unos países con otros con el fin de promover la negociación, cultivar una mentalidad universal fomentando la cooperación y facilitar acuerdos en los más diversos campos de la política. De hecho, la Unión Europea tiene su propio servicio diplomático exterior.

Ejercicios de repaso y autoevaluación

1. **De las siguientes frases, indique cuál es verdadera o falsa.**

   a. Los colores predominantes en la ropa árabe son el blanco y tonos arena.

      ☐ Verdadero
      ☐ Falso

   b. El uso de adornos dorados y seda pura está prohibido en las mujeres, y permitido en los hombres islámicos.

      ☐ Verdadero
      ☐ Falso

   c. Cuando se entra a una mezquita árabe no es necesario quitarse los zapatos, es suficiente con limpiárselos.

      ☐ Verdadero
      ☐ Falso

2. **Complete la siguiente frase:**

   La diplomacia es la _____ que estudia las relaciones _____ que tienen unos _____ con otros con el fin de de _____ la negociación, cultivar una mentalidad universal fomentando la _____ y facilitar _____ en los más diversos campos de la _____.

3. **Relacione los siguientes conceptos:**

Frac	Traje de etiqueta adecuado para las celebraciones diurnas.
Esmoquin	Vestimenta masculina de gran gala y solo para lugares cerrados.
Chaqué	Traje de etiqueta para las celebraciones nocturnas.

4. Busque en la siguiente sopa de letras ocho términos relacionados con distintas vestimentas.

A	G	U	A	E	J	A	R	T	V
I	N	O	Y	S	P	A	C	N	S
O	N	E	G	M	L	A	H	S	K
O	B	B	C	O	G	R	A	L	V
N	U	A	Y	Q	H	Z	D	X	C
W	R	Q	Y	U	E	S	O	P	A
F	K	I	Ñ	I	A	E	R	S	M
I	A	N	P	N	H	I	S	F	O
R	E	V	R	E	C	H	Y	U	E

5. ¿Qué instituciones componen la Unión Europea?

_____
_____
_____
_____
_____
_____
_____

6. Complete la siguiente definición:

La eurozona es el conjunto de _____ miembros _____ de la Unión Europea que han _____ el euro como moneda _____, formando así la unión _____.

7. ¿En qué se diferencian los términos "árabe" y "musulmán"?

_____

_____

_____

_____

8. La primera norma de cortesía de un anfitrión es:

    a. Relajarse para crear un ambiente distendido entre sus asistentes.
    b. Dejar que los asistentes se coloquen a su libre albedrío.
    c. Saludar a cada persona afectuosamente, recibiendo a cada invitado en la puerta.
    d. Dejar que sean los propios invitados los que se presenten entre ellos.

9. El protocolo es un conjunto de reglas establecidas que rige el buen comportamiento del hombre en la sociedad, pero ¿qué implica?

_____

_____

_____

_____

_____

_____

_____

10. El Corán dicta normas con respecto al protocolo social. Señale si las siguientes frases son verdaderas o falsas:

    a. No se puede tomar alcohol.

        ☐ Verdadero
        ☐ Falso

    b. Siempre se ha de comer con la mano derecha, la izquierda es considerada impura.

        ☐ Verdadero
        ☐ Falso

c. No se puede dejar comida en el plato, se considera que al invitado no le ha gustado.

☐ Verdadero
☐ Falso

d. No se pueden cruzar las piernas en la mesa.

☐ Verdadero
☐ Falso

11. ¿Quién compone el Consejo Europeo?

_____

_____

_____

_____

12. Complete la siguiente definición de protocolo:

El protocolo es el conjunto de _____ consensuadas dependientes de la jurisprudencia, la _____ y el _____ común de los países que determinan el orden jerárquico de las autoridades en los actos oficiales, los programas que siguen estas en sus visitas, su _____ y sus comportamientos.

13. ¿Qué es un burka?

_____

_____

_____

_____

14. Cuando una persona es invitada a un evento, ¿qué precauciones debe tener en cuenta para corresponder correctamente con el anfitrión?

_____

_____

15. Cuando se elabora una tarjeta de invitación, ¿qué conceptos no se deben olvidar? Enumere al menos cuatro de ellos.

_____

_____

_____

_____

_____

_____

_____

Anexo 1: Consejos para viajar sin complicaciones

Con la publicación de la obra "Organización de viajes nacionales e internacionales" (UF0326) se da respuesta a una necesidad existente en el mercado, aportando un manual práctico, eficiente y veraz. Asimismo, se incluyen conocimientos básicos para algo tan lúdico, pero tan reconfortante y relajante, como puede ser el placer de viajar.

Viajar es gratificante, incluso necesario para salir de los problemas cotidianos; una forma de enriquecerse y evadirse, dar rienda suelta a la mente e ilusionarse por unos días. Se puede hacer con ayuda de profesionales o de forma particular; en todo caso, son importantes unos consejos prácticos, válidos en todo momento, para que la ilusión de viajar no se vea frustrada:

- **Abrir la mente y disfrutar del momento,** del camino, del paisaje, de la compañía, hacer todo lo que apetezca. No hay que viajar con ideas preconcebidas ni encerrarse en uno mismo.
- **No se necesitan grandes maletas,** se puede viajar ligero con una mochila, la espalda lo agradecerá y siempre se puede comprar lo que se quiera en el destino.
- **No viajar en temporada alta,** intentarlo a ser posible en junio o septiembre; además de ser más barato, la atención es mejor y se podrá disfrutar sin aglomeraciones.
- **La planificación anticipada garantizará que el viaje sea un éxito.** Con la compra anticipada se puede ahorrar dinero, tanto en el transporte como en las estancias.
- **Aprovechar este manual** junto con internet y sus ofertas. Se puede viajar por poco dinero y sin sobresaltos. **Uno solo puede planificar una escapada.**

Anexo 2: Teléfono móvil: un buen compañero de viaje

El hecho de que hoy en día los teléfonos móviles se hayan convertido en un elemento imprescindible es prácticamente innegable: hacen de despertador por la mañana, se llevan encima en todo momento, se usan como agenda, teléfono o calculadora, se escucha música con ellos, dan información de noticias y de los cargos del banco, se chatea con ellos, etc.

Y para completar su uso, el teléfono móvil también puede mejorar una experiencia de viaje, ayudando con los posibles problemas generados por la diferencia de idiomas, en el cambio de divisas o de horarios o en los sitios que son más recomendados para visitar en un destino.

A continuación, se señala **el manual imprescindible en todo viaje** y una pequeña **selección de aplicaciones** que ayudarán a disfrutar más aún si cabe de un viaje:

- **"Organización de viajes nacionales e internacionales" de IC Editorial**, una obra que complementará al teléfono móvil.
- *Packing:* se puede crear una lista de viaje y ordenar toda clase de objetos que se metan en la maleta.
- *XE Currency:* es una de las mejores aplicaciones dedicadas al intercambio de divisas.
- *HotelPal:* utiliza el GPS integrado en el teléfono para localizar los hoteles más cercanos a la localización exacta.
- *QR Tour:* es un sistema de información turística que, al escanear el código QR, muestra una ficha *online* con un texto descriptivo del lugar visitado, una locución que guía al visitante en la contemplación del lugar, una galería de fotos, vídeos, etc.

En los siguientes enlaces puedes descargar distintas aplicaciones que te ayudarán a conocer tus destinos:

- Civitatis, para conocer los monumentos y lugares que se deben visitar del destino:
  <https://play.google.com/store/appsdetails?id=com.civitatis civitatis&hl=es>.
  <https://itunes.apple.com/es/app/civitatis/id1209079115>.
- Citymaper, ayuda a conocer las rutas de transporte que se deben utilizar para ir de un punto a otro de la ciudad visitada:
  <https://citymapper.com/ios>.
  <https://citymapper.com/android>.
- Filo, aplicación que permite realizar un seguimiento del estado de los vuelos:
  <https://play.google.com/store/apps/details?id=com.getflio. flio&pcampaignid=web_share>.
  <https://apps.apple.com/es/app/flio/id963836358>.

Bibliografía

Monografías

▌ BECERRA Torres, C.: *Ofertas gastronómicas sencillas y sistemas de aprovisionamiento.* Madrid: Ediciones Paraninfo S. A., 2022.

▌ BUSTOS Moreno, Y.: *La responsabilidad civil en la navegación aérea: los daños a terceros.* Madrid: Editorial Dykinson S. L., 2003.

▌ CABARCOS Novás, N.: *Venta de servicios y productos turísticos. Manual básico de gestión de servicios y productos turísticos.* Vigo: Ideaspropias Editorial, 2007.

▌ CABERO Soto, C.: *Organización de reuniones y eventos.* Madrid: Ediciones Paraninfo S. A., 2012.

▌ CABO Nadal, M.: *Asistencia y guía de grupos. Guías de turismo.* Madrid: Ediciones Paraninfo S. A., 2004.

▌ CARO Sánchez-Lafuente, A.: *Protocolo en hostelería. HOTA004PO.* Antequera: IC Editorial, 2023.

▌ Consejería de Turismo, Comercio y Deporte de la Junta de Andalucía. *Legislación Turística de Andalucía.* Sevilla: Junta de Andalucía, 2006.

▌ CUADRADO Esclapez, C.: *Protocolo en las relaciones internacionales de la empresa y los negocios.* Madrid: FC Editorial, 2007.

❚ DE DIOS Orozco, J.: *Protocolo para la organización de actos oficiales y empresariales.* Antequera: IC Editorial, 2016.

❚ ESTÉBANEZ Gastón, B.: *Protocolo social y empresarial.* Madrid: London Diplomatic Academy S. L., 2003.

❚ ESTEVE, R. y otros: *Estructura de mercados turísticos.* Barcelona: Editorial UOC, 2006.

❚ ETXEBERRIA, X., RUIZ Vieytez, E.J. y VICENTE, T.L.: *Identidad islámica y espacio público en el País Vasco.* Guipúzcoa: ALBERDANIA S. L., 2007.

❚ FRANCO Pantoja, F. y SÁNCHEZ Ribas, J.: *Guía para orientación legal en inmigración.* Valladolid: Editorial Lex Nova, 2005.

❚ GALLEGO, M. y MANZANO, N.: *Gestión de productos turísticos.* Editorial Paraninfo. Madrid, 2020.

❚ GONZÁLEZ Cobreros, M.: *Fundamentos teóricos y gestión práctica de las agencias de viajes.* Madrid: Editorial Síntesis S. A., 2008.

❚ GONZÁLEZ Gómez, J.: *Control y gestión del área comercial y de producción de la PYME: una aplicación práctica con SP FacturaPlus y SP TPVplus Élite 2003.* A Coruña: Netbiblo S. L., 2002.

❚ GRAY, A.: *Temas de turismo. Manual para la preparación del Certificado Superior de la Cámara de Comercio de Madrid.* Madrid: Editorial Edinumen, 2008.

❚ Innovación y Cualificación. *Protocolo Interempresarial.* Málaga: Innovación y Cualificación S. L., 2005.

❚ JIMÉNEZ Abad, C. *Producción y venta de servicios turísticos en agencias de viajes.* Madrid: Thomson Ediciones Paraninfo S. A., 2006.

❚ LÓPEZ García, S. *Recepción y atención al cliente.* Madrid: Thomson Ediciones Paraninfo S. A., 2003.

❚ MIRALBELL Izard, O.: *Gestión de oficinas de turismo*. Barcelona: Editorial UOC, 2007.

❚ MUNERA Alemán, J. y RODRÍGUEZ Escudero, A.: *Estrategias de marketing: un enfoque basado en el proceso de dirección*. Madrid: Esic Editorial, 2007.

❚ MUÑOZ Boda, S.: *Protocolo y relaciones públicas*. Madrid: Ediciones Paraninfo S. A., 2016.

❚ OLMOS Juárez, L. y otros.: *Estructura del mercado turístico*. Madrid: Ediciones Paraninfo S. A., 2023.

❚ PARERA Pascual, C.: *Manual de perfeccionamiento para secretarias*. Madrid: Fundación Confemetal, 2009.

❚ PARRILLA García, P.: *Operaciones de recepción: Gestione las tareas de recepción de forma eficaz*. Vigo: Ideas Propias Editorial, 2006.

❚ Publicaciones Vértice. *Gestión de eventos*. Málaga: Publicaciones Vértice S. L., 2008.

❚ QUESADA Castro, R.: *Elementos de Turismo. Teoría, clasificación y actividad*. San José: Editorial Universidad Estatal a Distancia de Costa Rica, 2010.

❚ RAMOS Fernández, F.: *El Protocolo de empresa. Herramientas para crear valor*. A Coruña: NETBIBLO S. L., 2008.

Textos electrónicos, bases de datos y programas informáticos

❚ Condiciones generales de reserva y compra *online,* de: <https://www.edreams.es/condiciones-generales-de-venta/>

❚ Diccionario de términos turísticos, de: <https://www.unwto.org/es/glosario-terminos-turisticos>.

❚ Documentación imprescindible para viajar al extranjero., de: <https://administracion.gob.es/pagFront/tramites/miVidaEnTramites/listadoHechosVitales/previsualizacion-HechoVital.htm?idHechoVital=23&origen=listadoHechosVitales&imprimir=1#:~:tex

t=El%20documento%20básico%20de%20identificación,durante%20la%20dura-
ción%20del%20mismo>.

‖ El contrato. Definición y tipos, de: <https://www.am-abogados.com/blog/el-contrato-
definicion-y-tipos/110/>.

‖ El protocolo aplicado en las relaciones internacionales, de: <https://www.hosteleria-
yturismomasterd.es/blog/protocolo-internacional>.

‖ Embajadas y consulados, de: <https://www.embajada-consulado.com>.

‖ Revista de profesionales de la restauración, de: <https://www.revistahosteleria.com/>.

‖ Instituto de Estudios Estadísticos. Movimientos Turísticos en Fronteras (Frontur), de
<https://www.dataestur.es/general/frontur/>.

‖ Instituto Halal, de: <https://www.institutohalal.com>.

‖ ITA Airways, de: <https://www.ita-airways.com/es_es/fly-ita/baggage.html>.

‖ Las operaciones de compraventa (I): los documentos mercantiles, de: <https://www.
mheducation.es/bcv/guide/capitulo/8448199111.pdf>.

‖ Manual de organización de archivos de oficina. Universidad de Alicante, de:

‖ <http://sar.ua.es/es/archivo/documentos/gest-doc/manual-de-archivos-de-oficina/ ma-
nual-de-archivos-de-oficina.pdf>.

‖ Ministerio del Interior, de: <https://www.interior.gob.es/opencms/es/inicio/>.

‖ Modelo factura.net, de: <https://www.modelofactura.net>.

‖ Organización de eventos, de: <https://www.protocoloimep.com/articulos/como-organi-
zar-un-evento-10-pasos-para-conseguirlo/>.

‖ Organización de eventos. Herramientas imprescindibles, de: <https://asana.com/es/
resources/event-planning-tools>.

▌ Preparativos para un crucero: Guía definitiva, de: < https://www.solocruceros.com/ blog/informacion-antes-de-hacer-un-crucero/>.

▌ Protocolo.org, de: <https://www.protocolo.org>.

▌ Reglamento hotelero, de: <https://www.aytojaen.es/portal/p_20_contenedor1. jsp?seccion=s_fdes_d1_v1.jsp&contenido=2905&tipo=6&nivel=1400&layout =p_20_contenedor1.jsp&codResi=1&language=es&codMenu=206&codMenuPN=4& codMenuSN=100&codMenuTN=197>.

▌ Visados, de: < https://www.visados.es/Clases_de_Visados.php>.

▌ Viviendo de viaje, de: < https://www.viviendodeviaje.com/presupuesto-de-viaje/>.

▌ Viatgeaddictes.com. Guía para organizar y preparar un viaje por libre y barato, de: < https://www.viatgeaddictes.com/es/prepara/2/>.